Theologische Studien

Neue Folge

T V Z

Theologische Studien

Neue Folge

herausgegeben von
Thomas Schlag, Reiner Anselm,
Jörg Frey, Philipp Stoellger

Die Theologischen Studien, Neue Folge, stellen aktuelle öffentlichkeits- und gesellschaftsrelevante Themen auf dem Stand der gegenwärtigen theologischen Fachdebatte profiliert dar. Dazu nehmen führende Vertreterinnen und Vertreter der unterschiedlichen Disziplinen – von der Exegese über die Kirchengeschichte bis hin zu Systematischer und Praktischer Theologie – die Erkenntnisse ihrer Disziplin auf und beziehen sie auf eine spezifische, gegenwartsbezogene Fragestellung. Ziel ist es, einer theologisch interessierten Leserschaft auf anspruchsvollem und zugleich verständlichem Niveau den Beitrag aktueller Fachwissenschaft zur theologischen Gegenwartsdeutung vor Augen zu führen.

Theologische Studien

NF 5 – 2012

Thomas Schlag

Öffentliche Kirche

Grunddimensionen einer
praktisch-theologischen
Kirchentheorie

T V Z
Theologischer Verlag Zürich

Gedruckt mit freundliche Unterstützung der Ulrich Neuenschwander-Stiftung

Bibliografische Informationen der Deutschen Nationalbibliothek

Die Deutsche Nationalbibliothek verzeichnet diese Publikation in der Deutschen Nationalbibliografie; detaillierte bibliografische Daten sind im Internet über http://dnb.d-nb.de abrufbar.

Umschlaggestaltung: Simone Ackermann, Zürich

Druck: ROSCH-BUCH GmbH, Scheßlitz

ISBN 978-3-290-17804-8

© 2012 Theologischer Verlag Zürich

www.tvz-verlag.ch

Inhaltsverzeichnis

«Zu Gottes Wirklichkeit gehören die Aufbrüche in das Unbekannte, Neue. Exodus des Gottesvolkes, das Ende der Gefangenschaften, politisch und individuell.»

«Eine Gesellschaft, die nicht genug Trainings- und Lebensfelder für Partizipation und Emanzipation anbietet, wird sterben wie die Diktatur.»

(Joachim Gauck, 1997)[1]

1 *Gauck*, Fürchtet euch nicht, 51.58.

Vorwort

In den gegenwärtigen kirchlichen Reformlandschaften mangelt es nicht an Orientierungsangeboten. In Gestalt von Impuls- und Strategiepapieren, Leitbildern, kirchenleitenden Erklärungen und strategischen Think-Tanks sowie in einer inzwischen unüberschaubaren Zahl von digital dokumentierten Projekten und Initiativen einzelner Gemeinden werden tagtäglich und «in Echtzeit» neue Entwicklungsideen manifest, verbreitet und diskutiert. In einem Teil des gegenwärtigen kirchlichen Lebens wird eine Fülle von Visionen und kreativen Ideen offenbar. Zudem sind in den letzten Jahren an verschiedenen theologischen Fakultäten Zentren und Institute zur Analyse und Interpretation gegenwärtiger kirchlicher Praxis ins Leben gerufen worden, so dass auch auf Seiten der praktisch-theologischen Wissenschaft eine wachsende Sensibilität für die notwendige Neuvermessung der Landschaft zu konstatieren ist.

Zugleich aber sind fundamentale, um nicht zu sagen dramatische, Veränderungen einer bisher wie selbstverständlich auf die Kirche bezogenen Bindungs- und Beteiligungsbereitschaft festzustellen. Die eigentliche Problematik der gegenwärtigen Situation liegt möglicherweise aber weniger in den faktischen Zahlen des Mitgliederschwundes und der konstatierten Austrittsbereitschaft als vielmehr in den noch kaum sichtbaren und doch spürbaren inneren Emigrationsbewegungen vieler Mitglieder. Dabei zeigt sich dies nicht im Sinn enttäuschter Abwendung, sondern als eine zunehmende emotionsarme Haltung absichts- und erwartungsloser Distanz zu den Inhalten und Praktiken von Kirche und Gemeinde.

Ob die großen Volkskirchen tatsächlich, wie von manchen prognostiziert, an einem grundsätzlichen Scheideweg stehen, ist dabei weniger relevant als die Frage, wie mit dieser Herausforderung der einerseits deutlich erkennbaren und der andererseits ganz stillen Traditionsabbrüche umgegangen werden kann und soll.

Angesichts dieser ambivalenten Dynamik zwischen Aufbruch und Abbruch erscheint es so herausfordernd wie notwendig, nochmals in grundsätzlicher Weise nach möglichen kirchentheoretischen Deutungskategorien für die praktisch-theologischen Analysen und Interpretationen des gegenwärtigen Kirche-Seins zu fragen. Dies soll in der vorliegenden Studie dadurch unternommen werden, dass Kirche in ihrem Selbstverständnis, ihren Gestaltungsformen und in ihrer Praxis in entscheidendem Sinn als *öffentliche Kirche* konzipiert wird. Wie sich dieses Leitprinzip in den institutionellen Vollzugsformen sachgemäß entfalten kann, soll ebenfalls Gegenstand der hier angestellten Überlegungen sein.

Dabei bezieht sich die vorliegende Studie vornehmlich auf die Situation der protestantischen Kirchen in Deutschland und der Schweiz, da der Autor aufgrund der eigenen biographischen und berufsbiographischen Verortung und seines Grenzgängerdaseins mit beiden Kontexten vergleichsweise gut vertraut ist. Integriert wird aber auch die gegenwärtige breite internationale systematisch-theologische Diskussion zu einer *public theology* im Sinn der öffentlichen Verantwortung für Gesellschaft und Gemeinwesen. Damit soll zum einen zum Ausdruck gebracht werden, dass Überlegungen zu einer praktisch-theologischen Kirchentheorie auf den innertheologischen disziplinübergreifenden Dialog unbedingt angewiesen sind. Zum anderen soll dadurch deutlich werden, dass es zur Bearbeitung der aktuellen Herausforderungen für die protestantische Theologie notwendig ist, zukünftig sehr viel stärker über den eigenen lokalen Horizont hinauszublicken und sich dabei auch von der Dynamik des kirchlichen Aufbruchs in ganz anderen internationalen Kontexten inspirieren zu lassen.

Welche institutionellen und praktischen Konsequenzen die hier vorgestellten kirchentheoretischen Überlegungen und deren exemplarische Konkretisierung auf einzelnen Handlungsfeldern aber letztlich für die zukünftige Praxis erlangen können, ist aus guten protestantischen Gründen den Verantwortlichen vor Ort selbst und deren kreativer Kirchen- und Gemeindeentwicklung zu überlassen.

Herzlich danke ich meinen Erstlesern, dem Freund und Kollegen Prof. Dr. Henrik Simojoki, Dr. Frank Weyen, Mitarbeiter am Zürcher Zentrum für Kirchenentwicklung, den deutschschweizerischen und zürcherischen Praktisch-Theologischen Sozietäten und hier insbesondere meinem Zürcher Kollegen Prof. Dr. Ralph Kunz für vielfältige Anregungen sowie wichtige und weiterführende Kommentierungen. Für die Unterstützung in der Recherche und Beschaffung der Literatur und die sorgfältige Durchsicht des Manuskripts danke ich meiner Mitarbeiterin Salome Probst. Zu danken ist schließlich für die wie immer außerordentlich verlässliche und geduldige Begleitung sowie das Lektorat vonseiten des Theologischen Verlags Zürich in Person von Marianne Stauffacher.

Gewidmet sei diese Studie in herzlichster Dankbarkeit meiner Schwester Sylvia, deren wohlwollend-kritische, keineswegs selbstverständliche Verbundenheit mit der Volkskirche den verantwortlichen Akteuren in praktisch-theologischer Wissenschaft und Kirche als nicht untypische Haltung intensiv zu denken geben kann.

Thomas Schlag, an Ostern 2012

I. Wie spät ist es für die Volkskirche?

Nimmt man die gegenwärtige Kirchenreformrhetorik im Bereich der protestantischen Kirchen wahr und ernst, dann drängt die Zeit wie noch nie. In Zweifel steht nicht weniger als die Zukunft der Kirche überhaupt – mindestens in ihrer gegenwärtigen sichtbaren Sozialgestalt.

Vor allem die Volkskirche und all das, was sich um diesen Begriff rankt, wird zunehmend infrage gestellt: Die Rede ist dann nicht mehr nur ganz unaufgeregt von einer späten Zeit der Volkskirche[2], einer Volkskirche im Wandel[3] oder deren notwendiger Modernisierung[4]. Sondern im zugespitzten Sinn wird von einer Volkskirche «ohne Volk»[5] und einem Auslaufmodell gesprochen, dem keine gute Zukunft, sondern das absehbare Ende beschieden sei. Für manche zeichnet sich ein eindeutiger und notwendiger Weg von der Volkskirche zu «personalgemeindlichen Organisationsformen, [...] zielgruppenorientierten Gemeinschaftsbildungen und zur Entwicklung alternativer Projekte»[6] ab. Ausgerufen wird schließlich die baldige Umwandlung von der Mitgliedschafts- und Servicekirche des Volkes hin zu einer entschieden bekenntnis- und freiwilligkeitsorientierten «Kirche für das Volk»[7] in «nachvolkskirchlicher Zeit»[8] sowie hin zu ganz neuen Manifestationen der «Gemeinde der Heiligen»[9].

Begründet werden solche negative Zukunftsprognosen zum einen mit Zahlen und Fakten, konkret mit den kaum bestreitbaren demographischen Kennziffern eines stetigen Mitgliederschwundes sowie den damit verbundenen finanziell folgenreichen Entwicklungen.[10] Zum anderen beruhen die Schreckensszenarien gleichsam auf gefühlten negativen Trends: So wird etwa ein spürbar geringer gewordener öffentlicher Einfluss der Kirche auf gesellschaftliche Meinungsbildungs- und Entscheidungsprozesse konstatiert sowie der weitreichende Verlust des kulturellen Gedächtnisses in Bezug auf bibli-

---

2 Vgl. *Fechtner*, Späte Zeit der Volkskirche.

3 Vgl. *Stollberg*, Geist und Gemeinde, 184f.

4 Vgl. *Gundlach*, Modernisierung.

5 Vgl. *Apel*, Volkskirche und so schon, wenn auch in ganz anderer Ausrichtung *Stammler*, Kirche ohne Volk.

6 *Bernhardt*, Die evangelisch-reformierten Kirchen in der Schweiz, 126.

7 *Herbst*, «Und sie dreht sich doch!», 13ff.

8 Vgl. *Herbst*, Eine Perspektive der Gemeindeentwicklung.

9 Vgl. *Josuttis*, ‹Unsere Volkskirche› und die Gemeinde der Heiligen.

10 Vgl. *Huber/Friedrich/Steinacker* (Hg.), Kirche in der Vielfalt der Lebensbezüge, sowie für die Schweiz *Stolz/Ballif*, Die Zukunft der Reformierten.

sche Überlieferungsgehalte und kirchliche Traditionen im Sinn eines massiven und unumkehrbaren Traditionsabbruchs beklagt.

Prinzipiell gilt nun allerdings: Ob die faktische Lage der protestantischen Volkskirche so schlecht ist, wie es gegenwärtig in oftmals erheblicher Aufregung suggeriert wird, bedürfte jedenfalls eines Blickes weit über die faktischen Zahlen hinaus. Apokalyptische Visionen, was im Fall einer ausbleibenden oder erfolglosen Kirchenreform an Haupt und Gliedern passieren könnte, helfen nicht wirklich, sondern steigern eher die Hysterie und führen über den beklagten Reformstress[11] im schlimmsten Fall sogar zur Reformparalyse.

Gleichwohl kann man angesichts aktueller Zahlen in der Tat fragen, ob der Begriff «Volkskirche» als Signatur eines bestimmten empirisch belegbaren Struktur- und Praxisbegriffs[12] sowie der damit verbundene Anspruch nicht tatsächlich ausgedient haben – man denke hier etwa nur daran, dass in der Schweiz die Mitgliedschaftsquote der Protestanten und Katholiken von 98 Prozent im Jahr 1970 inzwischen um ein Drittel niedriger ausfällt und auch die Zahl der jährlichen Austritte aus den deutschen evangelischen Landeskirchen in etwa derjenigen der Dauerteilnehmenden eines Deutschen Evangelischen Kirchentages entspricht.

Allerdings ist mindestens Vorsicht geboten, wenn bestimmte gefühlte Einschätzungen sogleich als harten Fakten ausgegeben werden. Denn das Gefühl einer fundamentalen Krise der Kirche sagt über die Realität der Verhältnisse nicht unbedingt schon alles aus. Zudem ist zu bedenken, dass gerade eine pessimistische Sicht auf die Kirche in Art einer *self-fulfilling prophecy* einem solchen Szenario möglicherweise überhaupt erst den richtigen Schub verleiht.

Wie auch immer man nun die Bedeutsamkeit der Fakten und die Dramatik der Wahrnehmungen bestimmt, ist doch von einer grundlegenden institutionellen und vor allem theologischen Orientierungskrise[13] auszugehen, die sich in den vergangenen Jahren sicherlich weiter verschärft hat und deren Ende man zwar erhoffen, aber mit dem man realistischerweise kaum rechnen kann.

Besteht also noch Grund für eine Vorstellung von Volkskirche, die von der Öffentlichkeitspräsenz der Kirche als relevantem Teilsystem der Gesellschaft ausgeht? Kann noch von der Hoffnung auf eine Kirche geredet werden, die sich durch eine prinzipielle Erreichbarkeit für alle Menschen zu

---

11 Vgl. *Karle*, Kirche im Reformstress.
12 Vgl. *Fechtner*, Späte Zeit der Volkskirche, 14.
13 *Huber*, Kirche in der Zeitenwende, 234.

12

erkennen gibt? Und kann dies dann zugleich Pluralität innerhalb ein und derselben Kirche in einer solchen Weise gewährleisten, dass auch eine eher distanzierte Mitgliedschaft als legitime Form, Kirchenzugehörigkeit wahrzunehmen, respektiert wird? Und wie kann dabei zukünftig die Spannung des Verhältnisses von Kirche und Staat zwischen Unabhängigkeit und Kooperation konstruktiv gestaltet werden?[14]

In der hier vorgelegten Abhandlung soll die These entfaltet werden, dass die Grund- und Ursprungsidee von Volkskirche im Sinn eines normativen Konzeptbegriffs[15] einer gesamtgesellschaftlichen Deutungs- und Handlungsinstanz immer noch ein ebenso bedeutsames wie plausibles und zukunftsfähiges Modell von Kirche darstellt[16] – allerdings unter einer bestimmten Voraussetzung: Eine positive Zukunftsvision muss einen gleichsam anderen Aggregatzustand von Kirche mit sich bringen: Die konzeptionelle Form einer *öffentlichen Kirche als zivilgesellschaftlich relevanter, intermediärer Institution, die sich ihrer Artikulations- und Handlungsverantwortung bewusst ist und diese auch von der Grundlage ihres ekklesiologischen Selbstverständnisses her auszuüben versteht.*

Von einer Bestimmung als *intermediäre Institution* her soll *öffentliche Kirche* als Raum freier, verantworteter und hoffnungsvoller kirchlicher wie zivilgesellschaftlicher Deutungs- und Vermittlungspraxis näher gefasst wer-

---

14 Vgl. die Charakterisierung bei *Beintker*, Die Einheit des Leibes Christi.
15 Zur Vielgestaltigkeit des Begriffs der Volkskirche vgl. *Lindner*, Kirche am Ort, 48f. sowie die klassische Differenzierung zwischen der «Kirche durch das Volk» als ursprünglich vermutlich polemischer Begriff des frühen 19. Jahrhunderts, der «Kirche zum Volk hin» im Zusammenhang von Wicherns Innerer Mission, der «Kirche eines Volkes» im deutschnationalen Sinn, der «Kirche für das Volk» als Kindertauf- und Nachwuchskirche sowie der «Kirche für das Volksganze» als einer vom Öffentlichkeitswillen bestimmten Volkskirche, allerdings in der Gestalt, dass sie sich im frühen 20. Jahrhundert die Durchsetzung christlicher Grundsätze in der Politik zum Ziel setzte; vgl. *Huber/Schröer*, Art. Volkskirche, sowie den hilfreichen historischen Überblick bei *Leipold*, Volkskirche, v. a. 55–62. Demzufolge wurde zwischen 1945 und 1960 in der wissenschaftlichen und kirchlichen Literatur «Volkskirche» kaum thematisiert. Offenbar trug der Begriff aus sich heraus im Nachgang zum 19. Jahrhundert noch eine hohe Plausibilität in sich, die keiner Erklärung bedurfte. Erst mit Beginn der Postmoderne rückte die Debatte um den Sinngehalt der Volkskirche zunehmend in den Vordergrund der Diskussion und musste in immer kürzeren Zeitabschnitten definitorisch neu auf die Zeitumstände bezogen werden.
16 So illustriert *Fechtner* einerseits: «Die ererbte Kirche und Kirchlichkeit schrumpft und steckt nun in alten Begriffen der Volkskirche wie eine Greisin, der die Kleider um den kleiner gewordenen Leib schlottern», er erkennt gleichwohl im Volkskirchenbegriff noch eine «wirklichkeitserschließende Kraft», vgl. Späte Zeit der Volkskirche, 15f.

den. Durch diese konzeptionelle Näherbestimmung als intermediäre Institution im Sinn einer die Gesellschaft *kritisch interpretierenden und mitgestalteten Kirche* wird der Charakter des hier anvisierten kirchentheoretischen Anspruchs in der Linie einer «theologischen Gesellschaftstheorie»[17] zum Ausdruck gebracht. Diese umfasst dann ihrer Sache nach sehr viel mehr als Fragen des Gemeindeaufbaus und einer Kybernetik im engeren Sinn[18], sondern versteht sich als Beitrag zu einer weiterreichenden Grundlagenbildung im Sinn einer umfassenden «Gestaltungstheorie aller kirchlichen Ebenen, Handlungspositionen und Handlungsmedien»[19].

Eine solche konzeptionelle Profilierung macht in praktisch-theologischer Hinsicht die kirchentheoretische Verständigung über die Bedeutung und Bedeutsamkeit einer *öffentlichen Kirche* ebenso notwendig wie die genauere Betrachtung der jeweiligen Möglichkeiten und Zuständigkeiten, was durch eine differenzierte Darstellung der kirchlichen Makro-, Meso- und Mikroebene zur Sprache kommen wird.

Angestrebt ist damit zwar keine grundsätzliche Neubestimmung, aber doch eine theologische Neubesinnung auf die Grunddimensionen der unterschiedlichen Sozialgestalten von Kirche, um so die Strategieentwicklung hin zu einer wirksameren öffentlichen Präsenz des Protestantismus inmitten der Gesellschaft zu befördern. Diese Neubesinnung unter der Signatur einer *öffentlichen Theologie* lässt sich – um es hier schon einmal anzudeuten – von evangelischer Seite her in den theologisch relevanten und auf die je individuelle Lebensführung und die gemeinsamen Handlungsvollzüge beziehbaren Leitperspektiven Freiheit, Verantwortung und Hoffnung konkretisieren. Zudem wird zu zeigen sein, inwiefern sich dies auf die Kommunikations- und Gestaltungsprozesse auf den unterschiedlichen kirchlichen Handlungsfeldern auswirkt. Vor dem Horizont einer theologisch profilierten Deutungs- und Kommunikationsoffenheit kommt folglich die konzeptionelle Grundidee von Volkskirche zum Vorschein – als einer *öffentlichen Kirche*, die den Blick auf die Gesellschaft und alle in ihr lebenden Menschen richtet.[20] Welche Heraus-

---

17 *Laube*, Die Kirche als «Institution der Freiheit», 144.

18 Vgl. zum Wechselverhältnis von praktisch-theologischer Theorie und ihrem Grundthema «Kirche» den instruktiven historisch-systematischen Überblick bei *Hermelink*, Praktische Theologie und Kirche.

19 Vgl. dazu *Emersleben*, Kirche und Praktische Theologie, 13.

20 Vgl. *Preul*, Die soziale Gestalt des Glaubens, 48ff. Man könnte dies aber auch noch für weitere kirchliche Praxisfelder durchspielen, etwa indem man das Seelsorge-Handeln – bei aller notwendigen Vertraulichkeit und Intimität – als individuell und eben auch als gesellschaftlich relevantes Geschehen begreift und interpretiert. Auch Gottesdienst und Verkündigung können in der Perspektive eines sowohl individuell hochbedeutsamen wie

forderungen dies für eine Praktische Theologie als Wissenschaft mit sich bringt, wird abschließend entfaltet werden.

Der Entfaltung der einzelnen Grunddimensionen liegt dabei ein bestimmtes Verständnis von *Öffentlichkeit* zugrunde, das zur Orientierung über das Ganze im Folgenden kurz erläutert werden soll: Unter *Öffentlichkeit* wird im vorliegenden Zusammenhang eine wahrnehmungs- und handlungsleitende Beschreibungskategorie verstanden, durch welche die kirchliche, konstruktiv-kritische Mitverantwortung und Mitgestaltung an den Belangen der Zivilgesellschaft nicht nur ihren konkreten «Sitz im Leben» erhält, sondern durch die das mögliche grundsätzliche Selbstverständnis von Theologie und Kirche als öffentlichen Orientierungskräften überhaupt begründet werden soll.

Dabei ist zuallererst an einen gleichsam säkularen Begriff von Öffentlichkeit anzuknüpfen: In diesem Sinn bezeichnet *Öffentlichkeit* nicht primär den Aspekt medialer Erregung von Aufmerksamkeit oder einfach den Marktplatz unterschiedlicher politischer Interessen. Vielmehr ist damit im Habermas'schen Sinn die gesellschaftliche Gestaltungssphäre bezeichnet, in der sich unterschiedliche Akteure und Institutionen mit ihren je eigenen Profilen und Handlungsabsichten mit der Zielsetzung engagieren, diese Sphäre durch die je eigene Wirklichkeitsdeutung diskursiv entscheidend mitzuprägen.

Öffentlichkeit in diesem Sinn meint folglich weniger eine eindeutige oder gar feststehende topographische Größe und lässt sich schon gar nicht auf den Bereich staatlich-institutionellen Handelns reduzieren, sondern bezieht sich in diesem säkularen Gebrauch auf den konkret immer wieder neu zu deutenden zivilgesellschaftlichen Gestaltungsraum des Öffentlichen, der seine Bedeutung und Profilierung erst durch diese Deutungs- und Handlungsaktivitäten selbst gewinnt. Dabei wird in jüngster Zeit im Zusammenhang zivilgesellschaftlicher Aufbrüche nochmals ganz neu nach den politischen und gesellschaftlichen Wirkmächten gefragt. Hier tritt neben die klassische Vorstellung repräsentativer Demokratie ein neues Politikmodell, in dessen Zusammenhang mit ganz neuen Kommunikations-, Partizipations- und Entscheidungsformen experimentiert wird. *Öffentlichkeit* fungiert hier also Signatur unterschiedlicher politischer Diskursorte und zugleich als Möglichkeitsraum alternativer gesellschaftlicher und politischer Gegenöffentlichkeiten.

---

eines zugleich eminent gesellschaftsöffentlichen Ereignisses verstanden und inszeniert werden. Durch Gottesdienste wird in jedem Fall aber auch gesellschaftliche Öffentlichkeit hergestellt, und sei es auch nur dadurch, dass bestimmte besondere Angebote stattfinden. Dass all dies jedoch nicht mehr ohne ein entsprechendes soziales Rahmenprogramm geht, sollte unmittelbar einleuchten.

In dieser so verstandenen Sphäre zivilgesellschaftlicher Öffentlichkeit können nun eben auch durch die Kirche als einem Akteur unter vielen aktive Signale gegen die zunehmende Intransparenz und Anonymität bestehender elitärer Macht- und Entscheidungsstrukturen gesetzt werden. Der Überzeugung, dass Kirche aus guten Gründen in dieser Öffentlichkeit agiert und diese mitgestaltet, liegt die These zugrunde, dass bestimmte religiöse Traditionen und Gehalte aufgrund ihres zivilisierenden Grundpotentials zur Entwicklung und Entfaltung zivilgesellschaftlicher Strukturen und sogar eines demokratischen Bewusstseins beitragen können und sollten.[21] Konkret wird etwa durch die Annahme und Anerkennung des je Anderen nach Maßgabe christlicher Nächstenliebe in einer spezifischen Weise zivilgesellschaftliche Mitverantwortung übernommen.[22]

Grundsätzlich ist zu bezweifeln, dass sich «Kirche» gleichsam als Größe außerhalb der weltlichen Verhältnisse positionieren oder sich womöglich in den vermeintlich sicheren inneren Raum der eigenen Sprach- und Handlungssphäre zurückziehen könnte. Alle Leitbilder, die von einer solchen Gegenüber-Sicht ausgehen, sind schon insofern defizitär, als sie suggerieren, dass Kirche und ihre Mitglieder in einer eigenen, weltabgewandten Sphäre existierten und womöglich mit einem ganz eigenen, qualitativ besonders hohen Relevanzanspruch auftreten könnten.

Der im vorliegenden Zusammenhang verwendete Öffentlichkeitsbegriff führt über die säkulare Fassung und ein zivilgesellschaftliches kirchlich-öffentliches Engagement nun aber noch einmal grundlegend hinaus, indem er hier als ein unabdingbares Merkmal der Bestimmung theologischer Reflexion in den Blick kommen und stark gemacht werden soll. Dabei wird grundsätzlich an D. Tracys soziologisch gefasste Leitidee angeknüpft, wonach Theologie selbst *per se* öffentlicher Diskurs ist und sich danach unterscheiden lässt, worauf der jeweilige Sinn und das theologische Artikulationsinteresse gerichtet sind – seien es nun Gesellschaft, Wissenschaft oder Kirche.[23]

Allerdings soll hier Tracys eher methodologisch-soziologische Unterscheidung in dezidiert theologischem Sinn ins Spiel gebracht werden. Anders gesagt: Es sind eben nicht etwa nur die berufsbiographischen Verortungen und Kontexte, die den Theologen zum jeweils unterschiedlich verorteten

---

21 Vgl. *Roßteuscher*, Religion, Zivilgesellschaft, Demokratie; *Badura/Europäische Akademie für Lebensforschung*, Integration und Zivilgesellschaft; *Juergensmeyer* (Hg.), Religion in Global Civil Society.

22 Vgl. dazu grundsätzlich *Huber*, Art. Öffentlichkeit und Kirche, in: *Honecker* u. a. (Hg.), Evangelisches Soziallexikon, sowie *Klostermann*, Öffentlichkeitsanspruch der Kirche.

23 Vgl. *Tracy*, The Analogical Imagination, 28ff.

öffentlichen Theologen machen, sondern es ist ganz entscheidend auch die damit jeweils verbundene theologische Prägung und Reflexion, die das Wesen und die Bedeutung einer öffentlichen Theologie am Ort des Individuums ausmachen. Dies kann dann auch über das Individuum hinaus auf die Frage der öffentlichen Kirche hin Verwendung finden: Kirchliches Engagement ist eben nicht nur soziologisch zu beschreiben, sondern lebt entscheidend von der permanenten theologischen Selbstorientierung, Selbstpositionierung und Selbstvergewisserung der verantwortlichen Akteurinnen und Akteure.

Die theologische Deutung und kirchlich verortete Mitwirkung an der Gestaltung von *Öffentlichkeit* stellen somit kein irgendwie geartetes zusätzliches Bestimmungsmerkmal theologischer Reflexion und kirchlicher Praxis dar, sondern eine sinnvolle und notwendige Querschnittsperspektive.

In der vorliegenden Studie wird die These vertreten, dass *öffentliche Theologie* und *öffentliche Kirche* einen wesentlichen Einfluss- und Gestaltungsraum nur dann für sich zu legitimieren vermögen, wenn sie sich einerseits so intensiv wie möglich auf die Analyse der gegenwärtigen Verhältnisse einlassen, andererseits ihrem eigenen Selbstverständnis nach aber alle Artikulations- und Kommunikationsformen unbedingt an einer möglichst klaren und profilierten theologischen Grundlegung orientieren.

Auf dieser Basis wollen die im Folgenden angestellten Überlegungen über die Tagesaktualität hinaus zu einer kirchentheoretischen Profilierung des Verständnisses und der Praxis von Volkskirche als *public church* sowie der reflektierenden Praxis einer *public theology* inmitten der gesellschaftlichen, universitären und kirchlichen Öffentlichkeit beitragen.

Fatal wäre es übrigens, würde man die folgenden praktisch-theologischen Überlegungen etwa primär als Lösungsstrategie zu Rückgewinnung abgewanderter Mitglieder ansehen. Die hier skizzierte Profilierung ist unabhängig von der konkreten Mitgliedersituation und der aktuellen Frage der Kirchenreformen zu betrachten. Noch weniger ist eine solche Profilierung im Sinn einer funktionalistischen Marketing-Strategie zu verstehen.

Was sind aber nun die konkreten Herausforderungen, die es nahelegen, programmatisch und konzeptionell im Sinn einer kirchentheoretischen Querschnittsperspektive von einer *öffentlichen Kirche* im theologischen Sinn zu sprechen – und dies unter Berücksichtigung der gegenwärtigen empirischen Erkenntnisse über die sinkenden Zahlen sowie der nicht mehr nur wohlwollenden, sondern immer stärkeren beziehungs-, kenntnis- und interesselosen Distanzierung ihrer (einstmaligen) Mitglieder? Kurz gefragt: Gibt es überhaupt noch genügend volkskirchlichen Raum für einen solchen öffentlichen Mitgestaltungsanspruch und was sind die eigentlichen Herausforderungen?

Wie stellen sich nun, um damit einzusetzen, jenseits der angedeuteten demographischen und finanziellen Entwicklungen die Herausforderungen für eine öffentlich präsente Volkskirche und für eine kirchentheoretische Profilierung dieses Leitbilds einer *öffentlichen Kirche als intermediärer Institution* dar?

II. Öffentliche Herausforderungen

1. Ignorierungsstrategien

Blickt man auf die öffentlichen Diskurse etwa in brennenden Fragen des politischen Lebens, so scheint dabei die Kirche gegenwärtig tatsächlich keine wesentliche Rolle zu spielen. Ihre Repräsentantinnen und Repräsentanten werden zwar, wenn sie sich zu bestimmten brisanten gesellschaftspolitischen Entwicklungen äußern, von den öffentlichen gesellschaftlichen, politischen und wirtschaftlichen Meinungsmachern wahrgenommen – insbesondere dann, wenn sich dies mit einer erhöhten medialen Aufmerksamkeit verbindet.

Gleichwohl scheinen ihre Haltungen in der Regel dann sogleich ignoriert zu werden, entweder weil bestimmte Aussagen als zu abstrakt, zu komplex und weltfremd erscheinen oder weil sie schlichtweg als politisch nicht opportun gelten. Kirche wird damit interessanterweise gerade auch dann öffentlich ignoriert, wenn sie durchaus verstanden wird und ihre Positionen als unbequem und widerständig eingeschätzt werden – jüngste politische Debatten in der Schweiz wie in Deutschland machen dies anschaulich. Dies gilt sowohl für die in der politischen Debatte weitgehend bedeutungslos gebliebene Stellungnahme des Schweizerischen Evangelischen Kirchenbundes zur Minarettinitiative[24] wie auch die unterschiedlichsten kirchenleitenden Äußerungen der EKD zu den Kriegseinsätzen der deutschen Bundeswehr, die zwar wahrgenommen, zugleich aber auch mit dem Vorwurf eines weltfremden Idealismus belegt wurden, wodurch man die bestehenden Klischees über kirchliche Äußerungen eifrig bediente.[25]

Solche Ignorierungsphänomene gelten nun aber auch, wie entsprechende Untersuchungen belegen, für die individuelle Lebensführung, für die kirchli-

---

24 *SEK* (Hg.), Zwischen Glockenturm und Minarett, worin u. a. festgehalten wird: «Der Rat SEK wendet sich *gegen jede Form von Unterdrückung und Diskriminierung von Religionen* – sei es durch staatliche Gesetze oder religiöse Vorschriften. Das gilt für die Verfolgung von Christen in bestimmten Regionen der Welt ebenso, wie für die Beeinträchtigungen von Gläubigen anderer Religionen in der Schweiz. Die Minarett-Initiative stellt für den Rat SEK einen *untauglichen und rechtlich zweifelhaften Beitrag* zu einem brisanten gesellschaftspolitischen Thema dar», 3.

25 So schreibt *Nonnenmacher* unter der Überschrift «Phantasie und Macht» am 4.1.2010 in der FAZ: «Das Vokabular erinnert verräterisch an Gruppentherapie und Eheberatung: Es ist für die Realitäten der internationalen Politik, auch für die Realität eines Landes, das sich in einem von religiöser Energie aufgeladenen Bürgerkrieg befindet, auf fatale Art und Weise inadäquat»; vgl. *Käßmann* selbst, Fantasie für den Frieden.

19

che Orientierungsmaßstäbe in Fragen öffentlicher ethischer Debatten, gelinde gesagt, kaum als relevante Größe angesehen werden, vor allem dann, wenn sie quer zu den eigenen politischen Einschätzungen liegen.[26] Hartnäckig hält sich am Rand und außerhalb von Kirche das öffentliche Bild und die Meinung, dass sich die Kirchen vornehmlich durch traditionalistische und unzeitgemäße Wirklichkeitswahrnehmungen sowie durch ein moralistisches Anweisungsarsenal auszeichneten, dem für die Realitäten des Lebens nur geringe Orientierungsfunktion beizumessen sei.[27]

2. Kirchliche Selbstinfragestellungen

Man mag zwar manches an der Kritik einer Selbstsäkularisierung von Kirche für überzeichnet halten, gleichwohl sind Vorwürfe hinsichtlich einer öffentlichen Selbstinfragestellung von Kirche nicht von der Hand zu weisen. Dies zeigt sich etwa darin, dass kirchliche Äußerungen im öffentlichen Raum oftmals zu schnell an die vermeintlich medial eingängigeren Sprachwelten und Bilder angeglichen werden, aber auch in unverkennbaren Vereinfachungen der eigenen Botschaft bis hin zum immer wieder feststellbaren wenig klaren öffentlichen Auftreten des kirchlichen Personals – so als ob man, gleichsam prophylaktisch, auch nur den Anschein theologischer Sperrigkeit oder gar vermeintlich unlauterer Missionierungsabsichten vermeiden wollte.[28]

Auch der manchmal nur allzu geringe Mut, angesichts der komplexen Wirklichkeitslagen den Gegenwartsbezug der eigenen Traditionen gerade deshalb tatsächlich in angemessen komplexer Weise herauszustellen, gibt hier zu denken und befördert letztlich möglicherweise sogar die öffentliche

---

26 So wird übrigens auf die Frage danach, «wie es in der Schweiz wäre, wenn es die reformierte und die katholische Kirche nicht mehr gäbe, von rund einem Drittel der Gesamtbevölkerung die Bedeutung der Kirchen für die Aufrechterhaltung der öffentlichen Ordnung betont, hingegen von der überwiegenden Mehrzahl die seelsorgerliche und karitative Wichtigkeit herausgestellt, vgl. *Campiche*, Die zwei Gesichter der Religion, 357ff.

27 Es kann auch für die aktuellen Auseinandersetzungen über die Sterbehilfe davon ausgegangen werden, dass die von kirchlicher Seite aus vorgebrachten Argumente nur von geringer Einflusskraft auf die individuelle Positionierung in dieser Frage sind; zudem gilt insbesondere im schweizerischen Zusammenhang, dass kirchliche Stellungnahmen hierzu für die politische Entscheidungsfindung keine signifikante Rolle spielen, während interessanterweise in der deutschen medialen Öffentlichkeit kirchliche Vertreterinnen und Vertreter nach wie vor als gefragte ExpertInnen gelten.

28 Zum Überblick und zur kritischen Einordnung des Diktums W. Hubers vgl. *Beckmann*, Wohin steuert die Kirche?, v. a. 105–110.

Meinung über eine prinzipielle Gegenwartsirrelevanz von Kirche. Möglicherweise liefert das kirchliche Personal dazu immer wieder auch neue Bestätigungen einer gewissen Weltabständigkeit, die aber auch durch manch eigene nicht unbedingt hoffnungsvoll wirkende Artikulationsweise mitbefördert wird. Problematisch erscheint in diesem Zusammenhang auch, wenn sich dies mit einem mehr oder weniger deutlichen Antiinstitutionalismus im Blick auf die Kirche als ganze und ihre RepräsentantInnen verbindet, womöglich gar unter Herbeiziehung des Vorwurfs organisatorisch-bürokratischer Weltferne.[29]

Dafür mag nun stehen, dass selbst Luther den entscheidenden Wert nicht auf die institutionelle – und schon gar nicht auf die organisatorische – Gestalt von Kirche legte, sondern deren Bedeutung für die Verkündigung des Evangeliums in den Mittelpunkt stellte. Nach reformatorischem Grundverständnis besteht ein erheblicher Freiraum in der institutionellen Gestaltung von Kirche, «wenn die Grundfunktionen der Wortverkündigung und Sakramentsverwaltung als hinreichend angesehen werden, um wahre Kirche zu sein»[30]. Aber gerade deshalb kann diese hochproduktive reformatorische Grundspannung nicht einfach zuungunsten der institutionell verankerten Vollzüge aufgegeben oder aufgehoben werden.

3. Plausibilitätsverluste der Theologie

Die benannten Herausforderungen treffen und betreffen nun aber nicht nur die Kirche, sondern auch die Theologie als maßgebliche Deutungswissenschaft für das kirchliche Selbstverständnis und die Praxis ihrer Akteure. Nun scheint auch der Einfluss der Theologie als Wissenschaft in Gesellschaft und Öffentlichkeit gegenwärtig gering zu sein. Im öffentlichen Leben stellt sie nur noch selten eine relevante Orientierungsgröße dar, was sich etwa an der Präsenz in den Feuilletons überregionaler Zeitungen bis hin zu den verschwindend geringen Abteilungen theologischer Literatur in den gut sortier-

---

29 Mit diesen Andeutungen soll gleichwohl bewusst nicht in die von F. W. Graf eifrig vorbereitete Kerbe der Pastorenschelte gehauen werden, da dort die Komplexität der pfarramtlichen Herausforderungen unterlaufen wird, die Beschreibung der vorhandenen professionellen Kompetenzen und gemeindlichen Ressourcen kaum angemessen erfolgt und insbesondere weiterführende konstruktive Perspektiven – vermutlich aus programmatischen Gründen – schlichtweg nicht vorzufinden sind. Im deutlichen Unterschied zu den Arbeiten seines Lehrers Trutz Rendtorff liefert Graf hier keine wesentlichen Impulse für die zukünftige Gestalt und Gestaltung der protestantischen Kirche; vgl. *Graf*, Kirchendämmerung.
30 *Haese/Pohl-Patalong*, Volkskirche als kirchliches Zukunftsmodell, 9.

ten Buchhandlungen bemerkbar macht. Aber auch inneruniversitär hat die Disziplin keinen automatisch leichten Stand: Im Blick auf Fragen des menschlichen Lebens wird ihr kaum eine bedeutsame Interpretationsmacht zugemessen. Eine Deutungskompetenz etwa über Zentralbegriffe menschlichen Lebens wird ihr kaum noch zugesprochen, was sich nicht zuletzt in den Drittmittelvergabepolitiken staatlicher Stellen manifestiert. Schließlich gilt nicht zuletzt angesichts des religiös-weltanschaulichen Pluralismus, dass die Existenz wissenschaftlicher Theologie an staatlichen Universitäten begründungsbedürftig geworden ist. Für die deutsche Situation gilt: «Ihre staatskirchenrechtlich etablierte Bindung an die Kirchen kann nicht mehr als formaler Grund der Rechtfertigung ihres Bestandes in Anspruch genommen werden»[31] – diese Legitimationsaufgabe stellt sich erst recht dort, wo es eine solche staatskirchenrechtliche Garantie nicht gibt, was für eine Reihe theologischer Fakultäten in der Schweiz gilt.[32]

Im Blick auf die eigene Forschungspraxis ist zudem in Sachen Religion die besondere Kompetenz der Theologie längst nicht mehr selbstverständlich, sondern wird im Zweifelsfall sogar eher der Religionswissenschaft zugewiesen. Während sich hier die universitären Verhältnisse in Deutschland dabei noch vergleichsweise positiv darstellen,[33] zeigte sich diese Form einer wissenschaftspolitischen Heuristik des Verdachts gegenüber einer gegenwartsorientierten und auf die Kirche bezogenen Theologie jüngst besonders deutlich in den prominenten staatlichen Forschungsausschreibungen der Schweiz.[34] Dies gilt im Übrigen auch für die europäischen Forschungspolitiken, in denen die zivilisierende Bedeutung des Religionsthemas und damit auch eine konstruktive Rolle theologischer Forschung angesichts stark laizistischer Grundhaltungen der maßgeblichen politischen Kultur erst noch deutlich zu machen ist.

Aber auch im Bereich des kirchlichen und kirchenleitenden Handelns stellen kirchentheoretische Reflexionen nicht automatisch schon bedeutende Orientierungsgrößen dar. Nicht selten wird gerade der theologischen Reflexion keine Relevanz für die «eigentlichen» und konkret zu lösenden kirchlichen Alltagsprobleme zugesprochen. Man muss deshalb auch von einem innerkirchlichen Plausibilitätsverlust theologischer Deutungsarbeit ausgehen. Dies mag zugegebenermaßen nicht unbedingt an der Attraktivität ihrer For-

---

31 *Schwöbel*, Wissenschaftliche Theologie. 63.
32 Vgl. grundsätzlich *Kraus*, Schweizerisches Staatskirchenrecht, 361, und in konkreter systematischer Auseinandersetzung *Bernhardt*, Theologie an der Universität.
33 Vgl. *Wissenschaftsrat*, Empfehlungen zur Weiterentwicklung von Theologien und religionsbezogenen Wissenschaften an deutschen Hochschulen. Köln 2010.
34 Vgl. *Morgenthaler/Plüss/Sterkens*, Research in religion.

22

schungen liegen, sondern auch am nicht ganz von der Hand zu weisenden geringen Interesse des kirchlichen Personals an solchen Orientierungen[35].

So steht die Theologie vor der wesentlichen Herausforderung einer auch öffentlich nachvollziehbaren dezidiert theologisch grundierten Kommunikation der gesellschaftlichen Relevanz ihrer eigenen Forschungsziele, Analysen und Erkenntnisse. Und dies sollte gerade nicht als Anbiederung an bestimmte äußere Anliegen verstanden werden, sondern als Ermutigung, der eigentlichen Kernaufgabe des Wissenschaftstransfers in Gesellschaft und Kirche hinein auch durch die entsprechenden Forschungsschwerpunkte möglichst deutlich zu entsprechen.

Über die genannten Herausforderungen hinaus muss eine kirchentheoretische Konzeption öffentlicher Kirche aber auch die gegenwärtigen gesellschaftlichen Verhältnisse intensiv mit berücksichtigen. Will eine Kirchentheorie tatsächlich zeitgemäß sein, muss sie immer auch mit der Einschätzung der gesellschaftlichen Entwicklungen und Herausforderungen verknüpft sein.

4. Herausforderungen der Zivilgesellschaft

Auch wenn für die allermeisten Menschen in den deutschsprachigen Ländern die politischen, sozialen und ökonomischen Verhältnisse zu Beginn des 21. Jahrhunderts vergleichsweise stabil und sicher erscheinen, ist doch von sowohl sichtbaren wie unbemerkten hochprekären Lebenslagen innerhalb der gegenwärtigen gesellschaftlichen Verhältnisse auszugehen.

Dies zeigt sich zum einen in faktischen Exklusionen von Menschen und ganzen sozialen Gruppen aus der Gesellschaft, die sich am deutlichsten als Mangel an gesellschaftlicher Anerkennung, an Teilhabegerechtigkeit etwa in Fragen der schulischen und kulturellen Bildung, aber auch der gesellschaftlichen Integration und politischen Beteiligungsmöglichkeiten manifestieren. Das umfasst andererseits auch die ökonomischen und ökologischen Kosten, die vom mitteleuropäischen Lebensstil schon jetzt von Menschen in ganz anderen Regionen der Welt faktisch zu bezahlen sind. Insgesamt ist die ge-

---

[35] Vgl. die programmatischen Beiträge in: *Kirchenamt der EKD* (Hg.), Die Bedeutung der wissenschaftlichen Theologie für Kirche, Hochschule und Gesellschaft. Dokumentation der XIV. Konsultation «Kirchenleitung und wissenschaftliche Theologie», sowie die spätere Denkschrift mit einer interessanten Titelumstellung: *Kirchenamt der EKD* (Hg.), Die Bedeutung der wissenschaftlichen Theologie in Gesellschaft, Universität und Kirche.

sellschaftliche und ökonomische Lage bei weitem nicht so stabil und verlässlich, wie sie in der Öffentlichkeit erscheint oder dieser weisgemacht wird. Auszugehen ist von erheblichen subjektiv wie kollektiv wirksamen Drucksituationen, Angst- und Versagensgefühlen wie auch faktischen Bedrohungslagen, in jedem Fall von erheblichen Leistungs-, wenn nicht sogar Vollkommenheitsanforderungen an die je individuelle Person und ihre Kompetenzen der selbstverantwortlichen Lebensgestaltung.

Von einem Gemeinwohl- oder Solidarprinzip kann bestenfalls noch in den kleinen überschaubaren Einheiten die Rede sein – dies mag sich graduell im bundesdeutschen und schweizerischen System unterschiedlich darstellen. Letztlich zeigt sich doch eine Art egozentrischer und familialer Konzentration auf den Nahbereich, im Sinn einer Nahraumfixierung, die zwar anthropologisch verständlich sein mag, gleichwohl aber doch problematische Konsequenzen gesellschaftlicher Ausgrenzung und gruppenbezogener Menschenfeindlichkeit[36] mit sich bringt. Überhaupt gilt, dass zu einem zukunftsfähigen Umgang der Politik mit gesellschaftlichen Großrisiken jedenfalls die Aufgabe gehört, «über Risiken und Chancen öffentliche Debatten zu führen und dort, wo sie fehlen, in Gang zu bringen»[37].

Was durch die Dynamik einer Occupy-Bewegung[38], die bereits erwähnte Rede von einer Post-Demokratie[39] oder auch durch die digitalen Kommunikationsformen ausgelöst werden wird, lässt sich gegenwärtig noch nicht absehen. Dass dabei allerdings neuerliche Phänomene wie die der Piratenpartei erst noch einen längeren Weg hin zu substantiellen Formen öffentlicher Gestaltungsmitverantwortung zu gehen haben, liegt auf der Hand.

Grundsätzlich ist aber unübersehbar, dass den zivilgesellschaftlichen Akteuren ein hohes Maß an Partizipation in politischen Willensbildungsprozessen zugestanden und auch zugemutet wird, das sich mit einem sehr viel stärkeren Appell an die Eigeninitiative und das Verantwortungsbewusstsein des Einzelnen für sich selbst sowie für das Gemeinwohl verbindet. Oder um es positiv zu formulieren: Das personale Leitbild einer partizipativen Demokratie «besteht in der Steigerung des mündigen zum engagierten Bürger»[40]. Zivilgesellschaftliche Organisationsformen dürfen *per se* nicht vertikal und hierarchisch, sondern müssen horizontal und gleichberechtigt ausgestaltet

---

36 Vgl. *Heitmeyer* (Hg.), Deutsche Zustände.
37 *Höffe*, Ist die Demokratie zukunftsfähig?, 222.
38 Vgl. jüngst in anschaulicher Weise der Essay von *Prantl*, Wir sind viele, sowie seine lesenswerte Zusammenstellung *Prantl*, Der Zorn Gottes.
39 *Crouch*, Postdemokratie.
40 *Höffe*, Ist die Demokratie zukunftsfähig?, 83.

24

sein, sich ein- und nicht ausschließend verhalten, im Inneren den Wert des Gesetzgebungs- und Gewaltmonopols achten und ansonsten die Vielstimmigkeit in ihren eigenen Reihen leben[41]. In diesen selbsttätig sich organisierenden Formen, die gleichwohl im Einzelfall staatliche Unterstützung erfahren können, treten diese neben dem Staat und dem Markt als dritte gesellschaftliche, eben intermediäre, Komponente auf. In normativer Hinsicht meint Zivilgesellschaft die «freie, assoziative, öffentliche und politische Selbstorganisation und Selbstbestimmung der Mitglieder in Angelegenheiten, die alle betreffen», wobei Zivilgesellschaft immer *ein* Element von Demokratie und *einen* Modus von Vergesellschaftung und nicht die Herrschaftsform der Demokratie als solche bezeichnet.[42]

Natürlich heißt dies im Umkehrschluss nicht, dass schon jede zivilgesellschaftliche Gruppierung *per se* demokratischen Charakter trägt, wie die jüngeren rechtsextremistischen Bewegungen sowohl in Deutschland wie in der Schweiz so erschütternd wie alarmierend zeigen. Hier gilt im Übrigen grundsätzlich und damit auch für die kirchliche Artikulationsstrategie: «Letztlich ist dem Phänomen des populistischen ‹Aufmerksamkeitspolitikers› nur beizukommen, indem man diesem die Diskurshegemonie abspenstig macht»[43].

Vermutlich werden aber neue politische und zivilgesellschaftliche Artikulationsformen auch durch die Möglichkeiten der beschleunigten medialen Verbreitung weiter zunehmen. Wobei hier gleich angemerkt sei, dass Überlegungen, alle wesentlichen Entscheidungskompetenzen auf die sogenannten kleinen Gemeinschaften zu verlegen, so illusorisch wie auch demokratietheoretisch keineswegs unproblematisch sein dürften.

Die genannten und hier nur umrissenen Herausforderungen machen ein deutlich anderes, öffentlich artikuliertes und damit sehr viel besser erkennbares kirchliches Selbstverständnis unbedingt notwendig, noch zumal gilt, dass es im Zuge der Renaissance der Religionen «kaum einen politischen Konflikt, kaum eine wirtschaftliche Marktsituation oder kulturelle Konstellation [gibt], die nicht durch religiöse Faktoren mitgeprägt wäre»[44]. Dabei wird der These zugestimmt, wonach jede gehaltvolle zivilgesellschaftliche Verständigungskultur davon lebt, «dass ihr von engagierten, in der Öffentlichkeit selbstbewusst auftretenden Weltanschauungs- und Überzeugungsgemeinschaften

---

41 Vgl. *Brieskorn*, Zivilgesellschaft, 15.
42 *Soosten*, Art. Zivilgesellschaft, 1846.
43 *Lucke*, Populismus schwergemacht, 315.
44 *Kirchenamt der EKD* (Hg.), Die Bedeutung der wissenschaftlichen Theologie in Gesellschaft, Universität und Kirche, 10.

bestimmte Wert- und Normvorstellungen mit Nachdruck vorgelegt werden»[45], die sie dann ihrerseits in aller Offenheit kritisch auf ihre mögliche Bedeutsamkeit hin prüfen sollte. Ganz zu Recht kann damit sowohl dem Begriff *Öffentlichkeit* wie dem Begriff *Zivilgesellschaft* die «Rolle eines normativen Garanten demokratischer Kontinuität als auch die Rolle eines falsche Gewissheiten destituierenden [sic!] Garanten produktiver Ungewissheit»[46] beigemessen werden.

Im Anschluss an diese skizzierten Aspekte soll entfaltet werden, welche besondere Kompetenz und Verantwortung die Kirche angesichts dieser Herausforderungen sowie der gesellschaftlichen Spannungen und Friktionen hat und wie sie sich konzeptionell als *öffentliche Kirche* im Kontext zivilgesellschaftlicher Dynamiken positionieren kann, indem sie ihre eigenen Traditionen und Deutungspotentiale profiliert zu artikulieren versteht. Dafür ist aber von praktisch-theologischer Seite aus zuallererst eine kirchentheoretische Klärung notwendig, um dann über die sachgemäßen Grundlagen für die Bearbeitung dieser Herausforderungen Klarheit zu gewinnen.

---

45 Vgl. *Große Kracht*, Jenseits laizistischer Militanz, 126.
46 *Klingen*, Gefährdete Öffentlichkeit, 59.

III. Gute Gründe für eine kirchentheoretische Neuorientierung

1. Gute Traditionen öffentlicher Verkündigung

Ist es überhaupt gerechtfertigt, *konzeptionell* von einer *öffentlichen Kirche* und einer *öffentlichen Theologie* zu sprechen? Auf den ersten Blick ist eine solche formelhafte Signatur nicht notwendig. Denn sowohl die kirchliche Praxis wie die theologische Arbeit leben ihrer Sache nach immer schon von dem Anspruch, öffentlich erkennbar und auch wirksam zu sein. Der Anspruch, das Gottes Wort und die frohe Botschaft in der Öffentlichkeit und für die Öffentlichkeit zu kommunizieren, gehört zum Wesen der jüdisch-christlichen Religion ebenso wie zu ihren institutionellen Ausgestaltungsformen durch die Zeiten hindurch.

Erinnert sei hier nur an dreierlei:

Die prophetische Form und der Impetus der öffentlichen Rede mit der bewussten Intention der Aufklärung über die bestehenden Missstände, der Anklage der Herrschenden und der Artikulation der Hoffnung auf die grundlegende Veränderung der ungerechten Verhältnisse stellt ein wesentliches Charakteristikum öffentlicher Verkündigung dar. Die öffentliche Kommunikationsform war dabei die mündliche wie schriftliche Rede vor den – wie man heute sagen würde – gesellschaftlichen und politischen Multiplikatoren und Entscheidungsträgern. Für die «Männer des ewig Neuen» und ihre provokative Form öffentlicher Artikulation kann man es auch wie folgt charakterisieren: «Der Prophet ist als Bote geschickt, um direkt oder über Dritte dem König oder anderen Adressaten die göttliche Auskunft zu überbringen. Nur, daß er im Alten Testament meist nicht das sagt, was sich für seinen Berufsstand gehörte».[47]

Die Botschaft des Evangeliums beinhaltete von Beginn an nicht nur einen eminent öffentlichkeitswirksamen Anspruch, sondern zeichnete sich auch durch die kritische Betrachtung solcher äußeren Verhältnisse aus, die dem Willen Gottes offenkundig nicht entsprachen sowie durch den Impetus der Gründung alternativer Gemeinschaften. In der wirkmächtigen Kommunikationsform der Narration sowie der öffentlichen Rede und des Briefes als gemeindlichem Multiplikationsinstrument kam dieser mediale Anspruch gleichsam zeitgemäß zum Ausdruck – auch wenn hier etwa die vermutlich stark stilisierte Areopagszene des Paulus (Apg 17) nicht überbewertet werden

---

47 *Kratz*, Die Propheten Israels, 18.32.

darf. Vor allem aber galten der eigene individuelle und gemeinschaftliche Lebensvollzug – übrigens auch und gerade in Schwachheit (1Kor 12,10)[48] – die prinzipielle Offenheit für Außenstehende unabhängig vom sozioökonomischen Status sowie die «größere Intensität ihres Zusammenlebens»[49] von Beginn an als die wesentlichen Elemente für die öffentliche Anziehungs- und Überzeugungskraft der christlichen Glaubensgemeinde. Zu erinnern ist hierbei übrigens daran, dass die entscheidende öffentlichkeitswirksame Ausbreitung des frühen christlichen Glaubens eben entscheidend durch die sogenannten Laien «mit ihren privaten und beruflichen Kontakten»[50] mitten in den Alltag hinein im Sinn einer «Mikrokommunikation»[51] im kleinen, privaten und halböffentlichen Rahmen erfolgte.

Eine öffentlich-kritische und zugleich in hohem Maß mutige Haltung zeigte sich auch im reformatorischen Anspruch, inmitten der gleichsam göttlich etablierten kirchlichen und gesellschaftlichen Öffentlichkeit eben nicht auf die formalen Legitimationen zu vertrauen, sondern diese allezeit am Maßstab des Evangeliums selbst zu messen – und dies vor den Augen und Ohren der Öffentlichkeit. Eine der entscheidenden Voraussetzungen für die Durchsetzung der reformatorischen Ideen war die theologische Kritik an den bestehenden öffentlichen Macht- und Geltungsansprüchen sowie die kluge, ebenfalls theologisch begründete Schaffung wirkmächtiger Gegenöffentlichkeiten. Gleichwohl, oder vielleicht auch gerade deshalb, wurde der konkrete öffentliche Deutungsanspruch nach den Maßstäben der medialen Kunst der damaligen Zeit flächendeckend und bis an die entlegensten Orte verbreitet. Dazu war über die großen Einzelfiguren hinaus natürlich die öffentliche Kommunikation und Verbreitung des Evangeliums *per se* auf eine breite Basis angewiesen. Dies kommt beispielhaft in der Etablierung von Katechismus-Bildung und dem Ausbau der Schule als öffentliche Erziehungsinstitution zum Ausdruck: Beides soll neben der religiösen Bildung eben immer auch eine möglichst breite und nachhaltige Kulturtradierung bewirken.[52]

Für diese drei Formen öffentlicher Kommunikation gilt dabei, dass als entscheidende Bezugsgröße nicht die mediale Form der Botschaft, sondern der Kern, nämlich Gottes Wort als maßgebliche Orientierungsinstanz in das Zentrum des öffentlichen Anspruchs gestellt wurde. Die wesentliche Legitimation für den eigenen Anspruch, öffentlich im Namen des Glaubens und des

---

48 Vgl. *Frey*, Die Ausbreitung des frühen Christentums, 103.
49 *Ebel*, Die Attraktivität früher christlicher Gemeinden, 215.218.
50 *Frey*, Die Ausbreitung des frühen Christentums, 108.
51 *Reinbold*, Propaganda und Mission im ältesten Christentum, 345.
52 Vgl. *Koerrenz*, Reformation – Protestantismus – Bildung, 54ff.

eigenen Gewissens aufzutreten, konnte nur die Gewissheit sein, im Namen und Auftrag Gottes selbst zu sprechen bzw. von ihm her das Wort der Zusage empfangen zu haben und dies in seinen Auswirkungen in aller Freiheit, Verantwortung und Hoffnung auch zur Anschauung zu bringen.

2. Zeiten besonderer Dringlichkeit

Offenbar gibt es Zeiten, in denen die Notwendigkeiten gelingender theologischer und kirchlicher Kommunikation besonders dringlich sind. Blickt man in die jüngere protestantische Vergangenheit, ist festzustellen, dass die Rede von einer *öffentlichen Kirche* jeweils einen besonders deutlichen Orientierungsbedarf markierte und damit selbst eine bestimmte Krisensignatur darstellt. Dies zeigt sich etwa an der immer wieder konjunkturell auftauchenden expliziten Rede vom Öffentlichkeitsauftrag der Kirche. Ein entscheidendes Datum ist hier fraglos Wolfgang Hubers 1973 erschienene Monographie «Kirche und Öffentlichkeit», die sich explizit als systematisch-theologische und ethische Auseinandersetzung mit den politischen und gesellschaftlichen Veränderungen in den deutschen Nachkriegsjahrzehnten versteht.

Es steht zu vermuten, dass gerade die seit den 1990er Jahren in ambivalenter Weise sowohl gefragte wie infrage gestellte öffentliche Rolle der protestantischen Kirche dazu geführt hat, diese Begrifflichkeit erneut stärker herauszustellen. Dies verbindet sich mit den bereits angedeuteten innerkirchlichen Veränderungstendenzen ebenso wie mit der zur gleichen Zeit stark anwachsenden öffentlichen Debatte über neue Formen der Bürgerbeteiligung und mögliche zivilgesellschaftliche Neuformierungen.

Auf der Basis der Theorie der funktionalen Ausdifferenzierung der Gesellschaft stellt die Kirche selbst eine öffentliche Sozialgestalt des gesellschaftlichen Teilsystems Religion dar.[53] Unter dem Leitbegriff von Öffentlichkeit als «Inbegriff der gesellschaftlichen Bedürfnisse sowie der für die Ordnung, Sicherung und Reproduktion der Gesellschaft notwendigen Funktionen und der ihnen entsprechenden Institutionen»[54] haben somit die Kirchen eine eminent öffentliche Aufgabe, nämlich «eine besondere Verantwortung für die Kommunikation zwischen den verschiedenen gesellschaftlichen Subsystemen»[55]. Durch diese Fokussierung – auch wenn damals die zivilgesellschaft-

---

53 Vgl. *Huber*, Kirche und Öffentlichkeit, 11–25 sowie jüngst *Wohlrab-Sahr*, Kirche als Organisation.

54 *Huber*, Kirche und Öffentlichkeit, 24.

55 Ebd., 32.

liche Dimension des Öffentlichkeitsbegriffs noch nicht so deutlich vor Augen stand – sollte einerseits der Befürchtung entgegengetreten werden, dass sich Kirche gleichsam unerkennbar machen oder den Rückzug in eine bestimmte kirchliche Ghettomentalität und Privatheit antreten könnte, andererseits sollten dadurch aber auch bestimmte angenommene Krisenphänomene selbst öffentlich markiert werden[56].

Interessant ist nun, dass in jüngster Zeit ausdrücklich und konzeptionell von einer *öffentlichen Kirche* und in systematischem Sinn auch von einer *öffentlichen Theologie* geredet wird, was für eine kirchentheoretische Profilierung näher in Augenschein genommen werden soll.

3. Die Rede von einer *public church*

Die Rede von einer *public church* hat ihren Ausgangspunkt in der nordamerikanischen Debatte über die Frage der *civil religion* und ist damit von einem sehr spezifischen kulturellen Kontext bis hin zum entsprechenden Verhältnis von Kirche zum Staat geprägt. Gleichwohl können diese Überlegungen auch für die kirchliche und praktisch-theologische Selbstreflexion im mitteleuropäischen Kontext orientierend sein: Denn gerade unter den anfangs genannten Voraussetzungen einer globalen Zivilgesellschaft stellen sich sowohl die Herausforderungen wie die Artikulations- und Handlungsmöglichkeiten von Kirche ausgesprochen ähnlich dar.

Dabei war es die von R. Bellah vorgenommene Charakterisierung der *civil religion* als Kohärenz von puritanischem Bundesgedanken und republikanischer Freiheitsidee, von der aus das Selbstverständnis der amerikanischen Gesellschaft mit dem Faktum der inneren Zustimmung ihrer Mitglieder verbunden wurde. Im Anschluss an diese soziologische Perspektive fragte

---

56 Wiederum Wolfgang Hubers Überlegungen zur «Kirche in der Zeitenwende» haben dann unter den veränderten kirchlichen Bedingungen den kirchlichen Öffentlichkeitsauftrag weiter profiliert, was u. a. seinen Niederschlag in der EKD-Denkschrift «Das rechte Wort zur rechten Zeit» zum Öffentlichkeitsauftrag der Kirche fand, vgl. *Huber*, Kirche in der Zeitenwende, sowie *Rat der EKD* (Hg.), Das rechte Wort zur rechten Zeit.

Analoge Entwicklungen öffentlicher Präsenz lassen sich auch für den Schweizerischen Evangelischen Kirchenbund feststellen, was einerseits in den vergangenen Jahren zu mehreren Stellungnahmen und Studien geführt hat, vgl. etwa *Mathwig/Stückelberger*, Grundwerte, und sich andererseits im immer wieder prominenten Auftreten der Präsidenten des SEK T. Wipf und gegenwärtig G. Locher manifestiert, so etwa auf dem jährlichen Open Forum Davos während des World Economic Forums; vgl. dazu auch *Hoppe/Schneider*, Lehrstück für den demokratischen Dialog.

dann vor allem M. Marty näher nach den manifesten Erfahrungsorten dieser Überzeugungen und Identitätsbildung, konkret nach der öffentlichen Bedeutung der Kirchen – übrigens auch der Synagogen und Moscheen.[57] Die *public church* zeichne sich durch «a specifically Christian polity and witness»[58] aus.

Mit dieser Bestimmung eines spezifischen politischen Selbstverständnisses institutioneller Zeugenschaft wird übrigens auch bereits der Begriff der *public theology* in den Blick genommen;[59] Marty charakterisiert diese als «an effort to interpret the life of a people in the light of a transcendent reference. The people in this case are not simply the church but the pluralism of peoples with whom the language of the church is engaged in a larger way»[60].

Natürlich stellen sich nun die Bestimmungen des Verhältnisses von kirchlicher Praxis und politischen Prozessen und im Blick auf die eigene kirchliche Institutionalisierung auf dem Feld des Politischen im Vergleich zwischen der nordamerikanischen und der deutschsprachigen Religionslandschaft sehr unterschiedlich dar. Vergleicht man allein die historisch gewachsenen und ausgeformten staatskirchenrechtlichen Verhältnisse in Deutschland und der Schweiz, so ist das je eigene Selbstverständnis im Blick auf den öffentlich-politischen Mitgestaltungsanspruch augenfällig. Allerdings greift im Zusammenhang einer inzwischen globalen zivilgesellschaftlichen Dynamik der duale Blick auf das Verhältnis von Kirche und Staat deutlich zu kurz.

Gerade deshalb aber erscheint ein zivilgesellschaftliches Modell, das von einer kirchlichen Mitgestaltung und Mitverantwortung ausgeht und sich dabei bewusst auf die Ebene der öffentlichen Handlungsmechanismen einlässt, über die je spezifischen Traditionen hinaus geeignet, diese öffentliche Artikulationsrolle einzunehmen, ohne sich damit der Gefahr der politischen Vereinnahmung und unkritischen Staatsnähe einerseits noch der Gefahr der öffentlich-politischen Bedeutungslosigkeit und Ignorierung der prekären gegenwärtigen Verhältnisse bzw. dem Verdacht eines bloß kompensatorischen diakonischen Wirkens andererseits auszusetzen.

---

57 Vgl. *Marty*, The Public Church.
58 Ebd., 16.
59 «The public church concretely exists in the increasingly interfaith-ecumenically open parts of mainline Protestantism, evangelical Protestantism, and Roman Catholicism. When the public church reflexively examines and critiques existing social practices and cultural understandings in the light of its deepest religious insights into justice and the good society, it does public theology», *Marty*, ebd.
60 Ebd.

4. Systematische Reflexionen über eine *public theology*

Die systematische und inzwischen vielfältige Bezugnahme auf die Begriffe einer *public church* und einer *public theology* sind nun nicht zuletzt auf einen breiten internationalen theologischen Diskurs unter dem ausdrücklichen Banner der *public theology* und der Gründung einer Reihe von institutionellen Netzwerken und Neuschöpfungen in unterschiedlichen nationalen Kontexten zurückzuführen.[61] Systematische Reflexionen zum Aspekt der *public theology* zählen gegenwärtig sicherlich zu den spannendsten systematisch-theologischen Debatten überhaupt. Im deutschsprachigen Raum sind hier bisher vor allem Vertreter der systematischen und ethischen Theologie aktiv, während die Konsequenzen für die praktische Theologie einstweilen noch kaum ausführlicher bestimmt und bezeichnet sind.[62]

Die Leitlinie wird in folgender begrifflicher Erläuterung deutlich: «Public theology is the result of the growing need for theology to interact with public issues of contemporary society. It seeks to engage in dialogue with different academic disciplines such as politics, economics, cultural studies, religious studies, as well as with spirituality, globalization and society in general.»[63] Die Zeit sei nun gekommen, so William Storrar, für eine *public theology* als «a collaborative exercise in theological reflection on public issues which is prompted by disruptive social experiences that call for our thoughtful and faithful response».[64]

Hier zeigt sich nun über den bisher angedeuteten Öffentlichkeitsauftrag von Kirche hinaus ein inhaltlicher Impetus, der die Aufgabe der Kirche in einer dezidiert gesellschaftspolitischen Ausrichtung beschreibt.

Allerdings ist schon durch diese ersten Versuche der Beschreibung deutlich, dass von einer einheitlichen *public theology* kaum gesprochen werden kann. Vielmehr ist von *public theologies* auszugehen, sowohl was den Anspruch und die Zielsetzung, den Kontext und die Reichweite, die theologische und politische Positionierung wie auch was die jeweiligen Referenzbezüge angeht.

---

61 Am 5. Mai 2007 wurde in New York ein Global Network for Public Theology (GNPT) gegründet, das unterschiedliche Forschungszentren und Forschungsprogramme zum Thema «Öffentliche Theologie» vernetzen soll.

62 Hinzuweisen ist hier allerdings auf den ersten, im Erscheinen begriffenen, systematischen Wurf innerhalb der Religionspädagogik durch H. Simojoki, der die Globalisierungsdimension bewusst zum Ausgangspunkt auch einer konzeptionellen Religionsdidaktik macht.

63 *Kim*, Editorial, 1.

64 Vgl. *Storrar*, A Kairos Moment for Public theology, 6.

Für die Darstellung des grundlegenden Ansatzes können deshalb nur annäherungsweise einige grundsätzliche Aspekte benannt werden – im Wissen darum, dass sich gerade in einer detaillierten Betrachtung die nicht unwesentlichen Unterschiede des je spezifischen Profils zeigen. Der Richtungs- und Artikulationssinn in den gegenwärtigen Profilen einer *public theology* hängt somit wesentlich damit zusammen, welcher Begriff von Öffentlichkeit *und* von Theologie hier jeweils im Hintergrund steht. Hier bilden sich im Einzelfall wieder die anfangs genannten unterschiedlichen Auffassungen des Begriffs Öffentlichkeit selbst ab: So lässt sich von dorther entziffern, ob der jeweilige Ansatz sich eher als Beitrag zur zivilreligiösen Debatte versteht, auf kirchlich-kritische Mitverantwortung abzielt oder primär eine soziologische Beschreibung öffentlicher theologischer Reflexionspraxis unternimmt.[65] Insofern kann die folgende Charakterisierung nicht viel mehr als der erste Schritt einer zukünftig notwendigen genaueren Annäherung an die interne Vielfalt der *public theologies* sein.[66]

Erkennbar ist in vielen Ansätzen die enge Verbindung von theologischer Wissenschaft und gesellschaftlicher Analyse bzw. die Überzeugung, dass eine *public theology* ihre Themenstellung, inhaltliche Ausrichtung und Zuspitzung nur in enger Bezogenheit auf die gesellschaftlichen Verhältnisse und deren Analyse erfährt. Der Theologie werden der Auftrag und das Potential der Einmischung und Anwaltschaft aufgrund der christlichen Tradition und ihrer Werte, die ein Orientierungspotential anbieten, zugeschrieben. Damit wird ihre gesellschaftskritische Dimension als unverzichtbarer Bestandteil ihres Selbstverständnisses angesehen. Gemäß ihrer eigenen Sache müsse sich die Theologie mit den Zukunftsfragen der Menschheit auseinandersetzen und die Einhaltung der Menschenrechte ebenso anmahnen wie die Erfüllung sozialer Gerechtigkeit.

Für den deutschen Zusammenhang wird als Zielsetzung einer *public theology* genannt, «die Befragung der eigenen Traditionsquellen der Theologie mit der Kommunikabilität im allgemeinen politischen und gesellschaftlichen Diskurs

---

65 Vgl. etwa die aufschlussreiche Differenzierung bei *Smit*, Notions of the Public and Doing Theology, sowie im Blick auf den südafrikanischen Kontext *Koopman*, Reformed Theology in South Africa.

66 Im Hintergrund der folgenden Charakterisierung stehen insbesondere die nähere Betrachtung der systematischen Hauptbeiträge, die in den bisherigen Jahrgängen des *International Journal of Public Theology* seit 2007 erschienen sind, sowie eine ersten Sondierung der einschlägigen thematischen Monographien wesentlicher Protagonisten dieses Ansatzes wie W. Storrar, J. de Gruchy, D. Smit, N. Koopman und E. Graham.

zu verbinden (‹Bilinguality›)»[67]: Konkret ist damit gemeint, dass das Reden der Kirche in der Öffentlichkeit zweisprachig zu sein habe: «Es muss die Sprache der säkularen Vernunft genauso beherrschen wie die Sprache biblischer und theologischer Begründungen.»[68]

Ausgegangen wird hierbei davon, dass die demokratische Zivilgesellschaft auf Orte angewiesen ist, an denen Orientierungswissen gepflegt und ethisch reflektiert wird und damit gerade die Kirchen als Institutionen notwendig sind, um solche Orte zu pflegen.[69] Hingewiesen wird hier auch darauf, dass die Kirche in ihrem öffentlichen Reden nicht politisiert, aber notwendigerweise politisch ist[70]. In diesem Sinn wird der Theologie als *kulturellem Kräftefeld* eine katalytische Funktion im politischen Prozess der Anwaltschaft zum Schutz der Schwachen und der Überwindung von Gewalt in der Gesellschaft zugemessen.

Für die theologische Grundausrichtung ist die intensive Bezugnahme auf die alttestamentlichen Referenzgrößen der Schöpfungserzählungen, aber auch der Prophetenüberlieferung, insbesondere deren Anklage- und Visionspotentiale, zentral. Von dort aus wird sowohl einer Art kritisch-ökologischer Schöpfungstheologie sowie der immer wieder genannten Option für die Schwachen und Armen die Bahn bereitet. Dies kann sich mit einer uneingeschränkten Kritik an allen Formen der Diskriminierung von Minderheiten, sei es aufgrund von Geschlecht, Hautfarbe, Rasse etc. sowie mit einem uneingeschränkten Plädoyer für die Einhaltung und Durchsetzung der Menschenrechte verbinden. Neutestamentliche Referenzgrößen sind eine Christologie, die insbesondere die helfende und messianische Funktion Jesu herausstellt, wobei zugleich dezidiert trinitarische Grundlegungen zu konstatieren sind. Die Metapher vom Salz der Erde und Licht der Welt findet sich vielfältig im Blick auf die notwendige christliche Durchwirkung der schal gewordenen weltlichen Verhältnisse. Eine deutliche inhaltliche Ausrichtung erfolgt entlang dem pneumatologischen Bezug.

Im Blick auf die theologisch-systematische Orientierung zeigt sich eine starke Bezugnahme auf Bonhoeffers Theologie, und dabei auch auf dessen persönliches Schicksal, das im Sinn verantwortlicher Zeugenschaft auch in

---

67 Vgl. Dietrich-Bonhoeffer-Forschungsstelle für Öffentliche Theologie in Bamberg; vgl. auch die vierfache Unterscheidung von pastoraler, diskursiver, politikberatender und prophetischer öffentlicher kirchlicher Rede, die *Bedford-Strohm* in seiner Bamberger Abschiedsvorlesung am 26.7.2011 vorgenommen hat, vgl. Öffentliche Theologie und Kirche.
68 Vgl. *Bedford-Strohm*, Thesen zur öffentlichen Theologie.
69 Vgl. ebd.
70 Vgl. ebd.

seiner Orientierungskraft für die heutigen gesellschaftlichen Verhältnisse referiert wird. Je nach konfessionellem Hintergrund können – vor allem im Blick auf die Bestimmung des Verhältnisses von Kirche und Staat – unterschiedlich starke Bezüge zur reformierten oder zur lutherischen Tradition hergestellt werden. Unverkennbar ist auch ein deutlich ökumenischer und interreligiöser Impetus der *public theology*: Konfessionelle Unterschiede spielen nur eine marginale Rolle, wobei sich allerdings die politische Kritik immer wieder vor allem mit der Kritik an einer bestimmten Ausgestaltung der römischen Amtskirche, gerade wenn diese im Zusammenhang ihrer Rolle in politischen Unterdrückungssystemen erörtert wird, verbinden kann.

Im Blick auf die gesellschaftspolitischen Analysen gilt die interdisziplinäre Arbeit ebenso wie die internationale Vernetzung als wesentlicher Bestandteil theologischer Arbeit, was konkret bedeutet, dass für eine kirchliche Beteiligung an Reformen die fachliche Expertise für unbedingt notwendig erachtet wird. Im Bereich der unmittelbar politikbezogenen Aussagen stellt eine grundlegende Opposition gegenüber dem Politiksystem der repräsentativen Demokratie eher die Ausnahme dar. Ausgegangen wird vielmehr davon, dass Reformen innerhalb des politischen Systems erfolgen sollen, so dass folglich eher eine Reformsemantik als eine Revolutionsrhetorik zu konstatieren ist. Allerdings schließt dies die deutliche Kritik an den USA und allen westlich-hegemonialen Machtansprüchen ebenso wenig aus wie eine Globalisierungs- und Kapitalismuskritik mit gleichzeitiger hoher Sensibilität für ökologische Fragen. Stark insistiert wird auf der Notwendigkeit zivilgesellschaftlicher Gemeinschaftsbildungen, um so das Verhältnis von Kirche und Staat um eben die zivilgesellschaftliche Perspektive zu erweitern. Charakteristisch ist dabei auch, dass die einzelnen theologischen Entfaltungen gerade immer wieder auch mit konkreten Beispielen lokaler kirchlicher Praxis verbunden werden: So finden sich in einzelnen Beiträgen immer wieder Beispiele kirchlicher Arbeit als Gemeinwesenarbeit bzw. als Arbeit im politischen Sozialraum und kirchliche Gemeindearbeit als einer Art Nachbarschafts- und *grassroots*-Politik. Die Plausibilität einer *public theology* wird folglich mit der schon jetzt möglichen Öffentlichkeitsrelevanz einer *public church* zu untermauern versucht. Damit gewinnt interessanterweise das gelingende praktische Beispiel selbst argumentative Bedeutung für die ekklesiologische Theoriebildung und erlangt zugleich Vorbildfunktion für eine notwendige öffentliche Praxis an anderen Orten.

So zeigt sich grundsätzlich, dass – bei aller internen Pluralität – im Zusammenhang öffentlicher Theologie erhebliches Gewicht auf die Kraft prophetischer Utopie gesetzt wird und dabei der Reich-Gottes-Begriff in seiner besonderen Verheißungsdimension stark gemacht wird. Welches Klärungspotential diese Orientierung für konkrete ethische Fragestellungen und Herausforderungen hat, ist allerdings sicher noch ausführlicher zu reflektieren. Gleichwohl zeigen sich erkennbare Stärken gerade gegenüber solchen Ansätzen einer theologischen Deutung des Politischen, die bei der Aufgabenbeschreibung einer auf die Gesellschaft bezogenen Theologie primär in die Forderung diskursiver Suchbewegungen einmünden.[71] Hier könnte sich insbesondere eine theologisch-pneumatologisch ausgerichtete *öffentliche Theologie* möglicherweise als sehr viel substantieller und weiterführender erweisen.[72] Diese theologische Argumentationsdynamik ist jedenfalls – auch in Verbindung mit den gesellschaftlichen Herausforderungen und der gegenwärtigen weltzivilgesellschaftlichen Dynamik – für eine praktisch-theologische Ekklesiologie zweifellos hochgradig inspirierend.

Was aber ist nun in inhaltlicher Hinsicht der Mehrwert dieser Signatur einer *öffentlichen Kirche* und wie lässt sich dieser kirchentheoretisch im Sinn einer praktisch-theologischen Ekklesiologie entfalten?

Blickt man exemplarisch auf einige der jüngeren praktisch-theologischen Kirchentheorien, dann ist festzustellen, dass hier die *öffentliche* Dimension von Kirche zwar aufgenommen wird, allerdings die jeweilige Konzeption doch mit je eigenen grundsätzlichen Problemen behaftet ist.

5. Kirchentheoretische Ansätze und die Rede von der öffentlichen Kirche

5.1 Der öffentliche Auftrag von Kirche als Institution

Die zivilgesellschaftliche Dimension kirchlichen Handelns wird bis in die jüngere Zeit hinein programmatisch noch kaum systematisch behandelt. Vielmehr zeigt sich im Rückgriff auf einen bestimmten Begriff von Kirche als Institution eine geradezu staatsanaloge kirchentheoretische Beschreibungsfigur kirchlichen Handelns. So widmet sich etwa R. Preul in seiner 1996 erschienenen Kirchentheorie zwar der Frage, wer innerhalb der evangelischen Kirche in wessen Namen und in welcher Angelegenheit etwas öffentlich zu sagen befugt ist. Grundsätzlich wird darauf hingewiesen, dass die Würde und der Wert des Menschen aus der vorgängigen Setzung der sich im Christusgeschehen verwirklichenden Kommunikation des Evangeliums deutlich würden.[73] Von dort her werden die kirchliche öffentliche Aufgabe und ihr Wäch-

---

71 Vgl. etwa *Tanner*, Politische Theologie.
72 Vgl. etwa *Welker*, Zukunftsaufgaben Politischer Theologie.
73 Vgl. zum Ganzen *Preul*, Kirchentheorie, 331–392.

teramt als ein Dienst der Versöhnung konzipiert. Interessanterweise weist nun Preul jede Form eines hierarchischen oder autoritativen Modells zurück, demzufolge etwa eine kirchenleitende Spitze für sich beanspruchen dürfe, autoritativ für alle Mitglieder sprechen zu können. Die öffentliche Verantwortung wird nicht nur den kirchlichen Amtsträgern zugesprochen, sondern müsse im Sinne der Zivilcourage jedes Christen öffentlich erkennbar werden: «Das sogenannte Wächteramt der Kirche, das ausgeübt wird, um Schaden vom Gesellschaftsganzen abzuwenden, ist also primär eine Aufgabe oder Funktion, die sich aus dem Christsein in der Welt als solchem ergibt»[74].

Preul schlägt dann aber doch eine Art Repräsentanzmodell vor: Bei der Ausübung dieses Wächteramtes soll exemplarisch von einer Verantwortung Gebrauch gemacht werden, die «jedem Kirchenmitglied auferlegt»[75] sei. Oder wie es heißt: «Die Spitze, oder wer auf andere Weise ins Rampenlicht der Öffentlichkeit geraten ist, verdeutlicht durch profilierte Meinungsäußerung auf exemplarische Weise jene Freiheit, die im Rahmen und auf der Grundlage der jeweiligen Organisation möglich ist und die jedem Mitglied in entsprechender Weise zukommt»[76]. Zwar wird von Preul in verschiedenen Zusammenhängen immer wieder betont, dass der reformatorische Grundgedanken des Allgemeinen Priestertums nicht nur bedeutet, «dass die Laien am kommunikativen Handeln der Kirche Anteil haben, sondern auch an kirchenleitenden Funktionen».[77] Aber diese Mitwirkung bleibt dann einerseits gleichsam auf die institutionelle Ebene begrenzt und es kommt zugleich auch nur wenig in den Blick, dass echte Partizipation mehr als eine Mitwirkung an den bereits bestehenden Strukturen bedeuten muss.

In ähnlicher Weise sind aktuelle einschlägige Bestimmungen von kirchenleitender Seite selbst konzipiert. In der jüngsten Denkschrift zum Öffentlichkeitsauftrag der Kirche heißt es innerhalb des Teilkapitels «Wer spricht für die Kirche?» in aufschlussreicher Weise: «Auch wenn das Reden der evangelischen Kirche in der Öffentlichkeit vornehmlich durch ihre Amtsträger und Organe geschieht, hat doch jedes einzelne Kirchenmitglied Teil an der Verkündigung und damit am Öffentlichkeitsauftrag der Kirche. Neben kirchlich autorisierten Texten haben Äußerungen einzelner Christenmenschen als Ausdruck der ‹freien Geistesmacht› (Friedrich Schleiermacher) eine unverzichtbare Bedeutung. Sie können auch dazu führen, dass die Kirche als Institution solche Anregungen aufnimmt und sich nach einem länge-

---

74 Ebd., 348.
75 Ebd.
76 Ebd., 239f.
77 *Preul*, Die soziale Gestalt des Glaubens, 346.

ren Prozess der Konsultation zu dem entsprechenden Themenkomplex äußert. Man kann dabei etwa an die Debatten um die Nutzung von Kernenergie denken.»[78]

Deutlich ist hier folglich, dass die entscheidende öffentliche Artikulation – die Denkschrift spricht auch von institutionalisierter Verantwortung gegenüber persönlicher Verantwortung Einzelner[79] – eben dann doch den amtlichen Repräsentantinnen und Repräsentanten zukommt, während individuelle Äußerungen bestenfalls dazu dienen können, wiederum kirchenleitend dienstbar gemacht zu werden. Durch diese Unterscheidung zwischen persönlicher und institutionalisierter Verantwortung wird aber dann gerade die Trennung von Verantwortungssphären befördert – um nicht sogar zu sagen: Die freie und kreative Energie jenseits der gebundenen Formen wird weder kirchentheoretisch noch praxisbezogen als eigene Gestaltungs- und Verantwortungsgröße mit in den Blick genommen. Zugleich zeigt das hier doch sehr zurückhaltend vorgebrachte Beispiel der Kernenergie, dass auch noch so vorsichtige kirchenleitende Verantwortungspositionierungen sehr viel schneller von den realen Ereignissen überholt werden können als man sich dies bei Abfassung dieser Passage vorgestellt haben dürfte.

Hinter einem solchen tendenziell dualistisch geprägten Verantwortungsmodell öffentlicher Verantwortung jedenfalls steht, so kann man es lesen, das Modell von Kirche als «Institution der Freiheit» mit einer vergleichsweise großen Selbstverständlichkeit funktionierender kommunizierender Röhren zwischen Staat und Volkskirche und einer mindestens impliziten Analogie von repräsentativer Demokratie und bischöflich-kirchenamtlicher Repräsentanz mit den entsprechend hierarchischen Bedeutungs- und Verantwortungszuschreibungen.

Interessanterweise wird dabei der Beitrag der Denkschriften zum zivilgesellschaftlichen Diskurs gerade darin gesehen, dass sie weniger zuspitzen, sondern abwägend und differenziert argumentieren, «eher wissenschaftlichen Texten als Meinungsbeiträgen» gleichen, theoretische Texte sind und «keine emotionalen Geschichten»[80] erzählen. Abgesehen davon, dass dies natürlich schon ein bestimmtes, nicht unproblematisches hermeneutisches Grundverständnis zeigt, ist dies auch neben nur einem weiteren kurzen Verweis die einzige Passage innerhalb der Schrift, in der überhaupt die zivilgesellschaftliche Dimension explizit in den Blick rückt.

---

78 *Rat der EKD* (Hg.), Das rechte Wort zur rechten Zeit, 25f.
79 Vgl. ebd.
80 Ebd., 55.

In den genannten Abhandlungen fehlen somit jegliche Hinweise darauf, welche Bedeutung und welcher Eigenwert individuellen öffentlichen Äußerungen und Handlungen einzelner Mitglieder gerade in zivilgesellschaftlicher Hinsicht zukommen können und sollten. Insofern ist dann auch hinsichtlich des politischen Handelns eben immer nur von der Kirche als Gegenüber zu staatlichen und gesellschaftlichen Organen[81] die Rede. Systematische Überlegungen zur individuellen öffentlichen Verantwortlichkeit und Partizipation finden sich nicht.

Nach den oben vorgenommenen Ausführungen ist deutlich, dass dieses Modell einer im Wesentlichen auf Delegation und Repräsentation angelegten Volkskirche weder auf der Ebene der Kirchenleitung noch in den lokalen kirchlichen Verantwortungsbereichen zukunftsfähig zu sein verspricht. Eine solche Form von Volkskirche hat jedenfalls nicht nur aufgrund des gegenwärtig stetigen Mitgliederschwunds noch aufgrund der Partizipationsbedürfnisse der einzelnen Mitglieder gute Voraussetzungen, als öffentlich bedeutsame Orientierungsgröße in Erscheinung zu treten.

5.2 Der öffentliche Auftrag von Kirche als Organisation

In der jüngst von Jan Hermelink vorgelegten praktisch-theologischen Theorie der evangelischen Kirche stellt sich die Frage einer öffentlich relevanten Kirche nun nochmals anders dar. In Schleiermachers materialer Zielbestimmung für alles kirchliche Handeln, «jeden selbständiger zu machen im ganzen Gebiet seines Daseins», sieht Hermelink den engen «Zusammenhang von religiöser, geistiger und politischer Freiheit markiert, wie er sich in Gottesdienst und Seelsorge, aber ebenso auch im gesellschaftsöffentlichen Handeln der Kirche manifestieren soll».[82] Hermelink schließt dabei an den von Schleiermacher herausgestellten engen «Zusammenhang von evangelischer Freiheit, deren öffentlich überzeugender Darstellung und einer sowohl empirisch wie theologisch reflektierten Leitungstheorie»[83] an.

Von dort aus würde man nun erwarten, dass Perspektiven einer öffentlichen Kirche tatsächlich auch im Zusammenhang möglicher gesellschaftlicher und zivilgesellschaftlicher Fragen und Handlungsmöglichkeiten entfaltet werden – noch zumal Hermelink in einem eigenen Abschnitt auch an Langes ekklesiologisch bedeutsame konflikttheoretische Perspektive erinnert.[84] Dies ist jedoch nur sehr am Rand der Fall. So wird im Anschluss an E. Herms

---

81 Vgl. *Preul*, Kirchentheorie, 336.

82 *Hermelink*, Kirchliche Organisation und das Jenseits des Glaubens, 26.

83 Ebd.

84 Vgl. *Hermelink*, Kirche begreifen, 148ff.

formuliert: «Um sich gegenüber politischen, sozialen, auch wissenschaftlichen Organisationen zu artikulieren, muss die Kirche [...] selbst zur Organisation werden: Sie muss Verantwortliche benennen und öffentlich Position beziehen.»[85] In den daran anschließenden, ausführlichen Abschnitten zur Leitung der Organisation Kirche finden sich keine Ausführungen zur Partizipation der Mitglieder selbst, schon gar nicht Perspektiven für ein mögliches zivilgesellschaftliches oder politisches Engagement – die Ebene der realen gesellschaftlichen Verhältnisse und die Möglichkeiten individuellen Handelns selbst bleibt, wenn man so will, zugunsten der Betrachtungen über die Leitungsaufgaben der Organisation, weitgehend unberücksichtigt. Indem es für Hermelink im Wesentlichen die kirchliche Organisation ist, die für die öffentliche Erkennbarkeit und Prägnanz und damit auch für die Anschlussfähigkeit des christlichen Glaubens sorgt, kommen die einzelnen Kirchenmitglieder – trotz Hermelinks vielfacher Betonung notwendiger kirchlicher Interaktion und auch die Erinnerung an Schleiermachers programmatische Betonung der «freien Geistesmacht»[86] – nur unzureichend als potentielle und kompetente öffentliche Verantwortungsträger mit in den Blick. Die von ihm an anderer Stelle stark gemachte Aufgabe der Organisation, nämlich die Institutionalität der Kirche zu stärken und zu stützen, fokussiert wiederum vornehmlich auf Fragen der Kirchenleitung: Zwar werden die problematischen Seiten eines Organisationsverständnisses von Kirche benannt, insofern dieses deutliche Tendenzen zur Hierarchie zeige, zentrale Leitungsmacht stärke und als zweckrationale Sicherung des Bestehenden in «Spannung zur selbstvergessenen Zweckfreiheit des Glaubens»[87] stehe. Durch seine starke Fokussierung auf den Aspekt der Leitungsentscheidungen entsteht gleichwohl der Anschein, als ob es eben die Organisation und nicht die Vielfalt individueller Mitgliedschaftspraktiken wäre, die Gemeinde konstituiert und Kirche repräsentiert.

Dieser Eindruck stellt sich in seiner ausführlichen Kirchentheorie insofern ein, als Hermelink als ausdifferenzierte Formen kirchlichen Handelns vor allem auf die etablierte Amts- und Gremienrealität zu sprechen kommt. Auf die möglichen zivilgesellschaftlichen Potentiale der von ihm ebenfalls aufgeführten Projekt- und Steuerungsgruppen wird hingegen ebenso wenig eingegangen wir auf die vielfältiger Felder individueller Partizipationsmöglichkeiten in kirchlichen Gestaltungszusammenhängen.

---

85 *Hermelink*, Kirchliche Organisation und das Jenseits des Glaubens, 101.
86 Vgl. *Hermelink*, Kirche begreifen, 151ff.
87 Die Differenzierung wird in anschaulicher Weise auch aufgenommen bei *Hermelink*, Organisation und Institutionalität der Kirche, 23.

Man kann also für die ersten beiden Ansätze feststellen, dass zwar ausführliche Überlegungen zum Öffentlichkeitsauftrag von Kirche angestellt werden, aber dies doch weitgehend auf die Makroebene kirchenleitenden Handelns fokussiert bleibt. Öffentliche Kirche wird damit nach innen wie nach außen im Wesentlichen als Repräsentanz- und Steuerungsgröße verstanden, während die Potentiale und Kompetenzen individueller mündiger Mitgliedschaft und Verantwortlichkeit nur sehr am Rand in den Blick kommen. Die kirchentheoretische Fokussierung auf die Ebene der Kirchenleitung führt damit zu einem nicht unproblematischen Ausblenden der Gestaltungspotentiale und -bedürfnisse ihrer einzelnen Mitglieder selbst.

Anders stellt sich nun die Lage im Bereich gegenwärtiger dezidiert missionarischer Kirchentheoriebildungen dar.

5.3 Der öffentliche Auftrag von Kirche als Mission

In den letzten Jahren sind aus einer tendenziell evangelikal ausgerichteten Perspektive missionstheologische Überlegungen zur Notwendigkeit einer umfassenden Kirchenreform angestellt worden,[88] die inzwischen auf einer Reihe unterschiedlicher praktisch-theologischer Felder durchgespielt werden.[89] Unter der Generalperspektive einer Art wachsam-kritischer und skeptischer Postmoderne-Rezeption wird der öffentliche Auftrag von Kirche in besonderer Weise vom Missionsbefehl (Mt 28) her entfaltet und zugleich das paulinische Leib-Christi-Bild für die Vision neuer gelingender Gemeinschaftsbildungen zur Überwindung der «Mentalität des modernen Konsum-Christentums»[90] in Verwendung gebracht. Der Raum der Gemeinde wird dabei wesentlich in seiner Funktion der Wiederherstellung und Heilung der gestörten Gottesbeziehung[91] herausgestellt und dies mit der These verbunden, dass «gerade die Unüberschaubarkeit des gesellschaftlichen wie des kirchlichen Pluralismus einen nicht zu unterschätzenden Anteil daran hat, dass das Bedürfnis nach geistlicher Beheimatung steigt»[92].

Dabei werden die Forderungen nach einem kirchlichen Neuaufbruch zugleich mit einer vermeintlich saturierten und sich selbst genügenden amts-

---

88 Vgl. dazu etwa *Herbst/Ohlemacher/Zimmermann* (Hg.), Missionarische Perspektiven.

89 Vgl. etwa *Bartels/Reppenhagen* (Hg.), Gemeindepflanzung; *Zimmermann* (Hg.), Darf Bildung missionarisch sein? Kein Zufall ist es auch, dass in einer weiteren, von Greifswald aus verantworteten Reihe inzwischen verdienstvollerweise auch einschlägige Beiträge aus dem englischsprachigen Kontext in deutscher Übersetzung vorliegen, so z.B. *Potter*, Zell-Gruppen, oder *Finney*, Wie Gemeinde über sich hinauswächst.

90 *Zimmermann*, Being connected, 151.

91 Vgl. ebd., 150.

92 Ebd., 151f.

kirchlichen und bürokratischen, wenig lebendigen Pastorenkirche begründet. Dies hat dann auch, um es hier schon einmal anzudeuten, Konsequenzen für die pastorale Leitung und damit für die Gestalt öffentlicher Präsenz von Kirche und Gemeinde selbst. Hier hat in jüngster Zeit das Stichwort der geistlichen Leitung Konjunktur.[93] Als einer der wesentlichen Institutionalisierungsfehler seit den Zeiten der Urgemeinde wird dabei das Pfarramt selbst bezeichnet: «Wir haben in der Theologie den Fehler gemacht, fast alle im Neuen Testament genannten Charismen strukturell im Pfarramt zu verankern.»[94] Die Beherrschung theologischer Grundqualifikationen, seien es Sprach-, Wahrnehmungs- oder Kommunikationskompetenz der Pfarrpersonen, stehen für die Autoren weit hinter dem Versuch zurück, die biblisch-theologischen Geschehnisse der Urchristenheit in die Gegenwart des 21. Jahrhunderts hinein auszuziehen.

Unter den Leitvorstellungen einer personenorientiert-partizipatorischen, einer theologisch-kompetenten und einer verheißungsorientiert-visionären Leitung wird hier ein Modell präsentiert, das das gemeindliche Leben in geistlicher Hinsicht gemeinschaftsstiftend, organisatorisch geordnet und richtungsweisend profilieren soll.

Im Sinn dieses missionarisch-evangelikalen Managementkonzepts erfolgt eine einlinige Bezugnahme auf solche biblischen Überlieferungen, die die urchristliche Gemeinde als das grundsätzlich zu favorisierende Ideal einer gemeinschaftsförmigen Kirche darstelle: «Der neutestamentliche Gemeindebegriff gibt eine klare Orientierung. Gemeinschaft entsteht durch ihre Teilhabe am gekreuzigten und auferstandenen Christus. Auf ihn hin geschieht ihr Wachstum.»[95]

Dieses kirchentheoretische Modell, dem erkennbar erweckungs- und konversionsorientierte Wunschvorstellungen zugrunde liegen, bringt nun ganz andere Probleme mit sich als die oben angeführten Konzepte. Denn hier zeigen sich ein Modell von Vereinskirche und ein Wunschbild kleiner Eindeutigkeitsgemeinschaften, in deren Rahmen gesellschaftspolitische Aktivitäten letztlich vor allem Rekrutierungsabsichten im Sinn einer neuen inneren Mission haben. Öffentlichkeit soll im Wesentlichen hergestellt werden, um einer volksmissionarischen Aufgabe den Boden zu bereiten, während der Freiraum für individuelle Glaubensentfaltungen gegenüber der Zielsetzung gelingender Gemeinschaftsbildung deutlich in den Hintergrund tritt. Die kirchentheoretische Dimension bleibt zugleich ohne ein wirklich ausdrückliches gesell-

---

93 Vgl. *Böhlemann/Herbst*, Geistlich leiten.
94 Ebd., 52.
95 Vgl. ebd., 42.

42

schaftssensibles ethisches Reflexionsmoment und reduziert sich mehr oder weniger auf innerkirchliche Effektivierungsstrategien in Gestalt eines spirituellen Gemeindemanagements.

Anhand einer immer wieder erkennbaren Dringlichkeitssemantik wird eine hohe Pflichtkulisse aufgebaut, die die «Rettung der Kirche» von der Anwendung von Unternehmensmanagementstilen abhängig macht. Die Verbindung biblisch-theologischer Urchristenromantik mit modernen Managementkonzepten führt schließlich zur deutlichen Orientierung an einer letztendlich doch numerisch quantifizierbaren Wachstumshoffnung. Gelingt durch die Anwendung der hier vorgestellten Methodik kein messbares geistliches Gemeindewachstum, so müssen die Fehler aufseiten der Ausführenden liegen, nicht in der evangelikal-missionarischen Grundlegung, die die Autoren selbst anbieten.

Gerade vor dem Hintergrund dieser kirchentheoretischen Ansätze und der damit verbundenen offenen Fragen ist es notwendig, die möglichen Schnittstellen zwischen Individuum, Kirche und Gesellschaft nochmals genauer in der Perspektive einer *public church* und *public theology* in den Blick zu nehmen. Denn der Anspruch auf öffentliche Präsenz und Relevanz bedingt notwendigerweise konkrete Handlungsorte und Kontaktflächen zwischen Kirche und Zivilgesellschaft. Dafür soll im Folgenden die Denkfigur von Kirche als einer intermediären Institution in der Zivilgesellschaft zur Geltung gebracht werden.

IV. Grunddimensionen einer praktisch-theologischen Kirchentheorie in der Perspektive einer öffentlichen Kirche

1. Kirche als intermediäre Institution

Peter L. Berger und Thomas Luckmann haben bereits Mitte der 90er Jahre auf die Bedeutung intermediärer Institutionen für die Zukunft der Gesellschaft und damit auch für die Zukunft des Sozialen hingewiesen. Ihrer Auffassung zufolge wird die Vermittlungsleistung intermediärer Institutionen «darüber entscheiden, ob moderne Gesellschaften die ständig latente Sinnkrise in der Regel [...] im Zaume halten können. Nur wenn intermediäre Institutionen dazu beitragen, daß die subjektiven Erfahrungs- und Handlungsmuster der Individuen in die gesellschaftliche Aushandlung und Etablierung von Sinn mit einfließen, wird verhindert werden, dass die einzelnen sich in der modernen Welt als gänzlich Fremde wiederfinden».[96] Damit wird deutlich, dass es eben nicht die je individuellen Interessen und Handlungsmöglichkeiten allein sind, mit denen für eine echte zivilgesellschaftliche Dynamik verantwortlich gezeichnet werden kann. Dies würde nicht nur einer Überforderung gleichkommen, sondern auch das Element der Legitimation und Überprüfbarkeit politischen Handelns außer Acht lassen. Insofern handelt es sich bei der Konzeption intermediärer Institutionen um ein zugleich visionäres wie auch realistisches Modell politischer Verantwortungsübernahme.

Von hier aus wird deutlich, dass die Rede von der Kirche als intermediärer Institution ihrerseits einer theologischen und kirchentheoretischen Begründung bedarf, will Kirche ihrem spezifischen öffentlichen Auftrag im Licht ihrer Evangeliumsbotschaft wirklich gerecht werden. Als Aufgabenbestimmung wird zu Recht formuliert, dass Kirche für jeden Einzelnen «einen Dienst der Vermittlung zwischen der geglaubten und der erfahrenen Wirklichkeit» leistet: «Sie bietet einen Deutungshorizont an, der die verschiedenen Felder persönlichen und gesellschaftlichen Lebens in einem inneren Zusammenhang erkennen läßt. Als Interpretationsgemeinschaft ermöglicht sie es den einzelnen, selbst die Deutung der gesellschaftlichen Wirklichkeit mitzuprägen und an der Weiterentwicklung gesellschaftlicher Sinnmuster mitzuarbeiten. So schafft sie Verbindungen zwischen den einzelnen und vermittelt zwischen ihnen und dem Leben in der Gesellschaft, ja im Kosmos».[97]

---

96 *Berger/Luckmann*, Modernität, Pluralismus und Sinnkrise, 77.
97 *Huber*, Die Rolle der Kirchen.

Die vornehmliche öffentliche Aufgabe des Teilsystems Kirche besteht folglich in der dialogischen Vermittlung zwischen verschiedenen Akteuren sowie deren Interessen und Bedürfnissen. Von daher ist dem Versuch, das Religiöse auf seine rein private Dimension zu begrenzen und damit zugleich die Kirchen aus dem öffentlichen Diskurs heraushalten zu wollen, entschieden zu widerstehen.

Die intermediär-vermittelnde Rolle, die die Kirchen innerhalb der funktional ausdifferenzierten und demokratisch verfassten Gesellschaft ausüben, hat nach Wolfgang Huber drei grundlegende Komponenten: Zum einen die meinungsbildende Teilnahme am öffentlichen Diskurs als eigenständiger Verband, zum zweiten ihre historisch gewachsenen staatlich-subsidiären Gestaltungsmöglichkeiten, zum dritten ihr Auftreten als selbstständige Körperschaft des öffentlichen Rechtes (Art. 140 GG).[98]

Dies verbindet sich mit einem kirchlichen Wächteramt als «Dienst der Versöhnung», das in der je und je neu zu bestimmenden kritischen Positionierung hinsichtlich gesellschaftlicher Fehlentwicklungen besteht. Das Recht zu derartigen Stellungnahmen entspringt aus dem kirchlichen Auftrag und ihrer Sendung unter Bezugnahme auf ihre dogmatischen, ethischen und moralischen Grundlagen.[99] Die spezifischen Kohäsionskräfte zeigen sich dabei in der kirchlichen Übernahme von Bildungsverantwortung, ihrem Eintreten für soziale Gerechtigkeit sowie der Verpflichtung auf Barmherzigkeit, wodurch Kirche ihre Verantwortung für die *polis* (Jer 29,7) als Öffentlichkeit wahrnimmt. Ein solches Verantwortungsverständnis kann somit überhaupt eine Kultur des Helfens befördern.[100]

Was allerdings in dieser Intermediaritätskonzeption zukünftig noch weiter auszuführen sein wird, ist eine differenzierte und differenzierende Betrachtung der Vermittlungsinhalte, Vermittlungsbedingungen und Vermittlungspraktiken. Erforderlich ist folglich eine genauere, dezidiert theologisch grundierte Näherbestimmung der Inhalts-, Ebenen-, Kommunikations- und Praxisdimensionen gelingender Intermediarität.

Hier soll, um es gleich vorwegzunehmen, dafür argumentiert werden, dass diese Vermittlungsaufgabe selbst als ein in hohem Maß diskursives, partizipatives und transparentes, auf gemeinsame Deutung der beteiligten und betroffenen Akteure hin ausgelegtes Kommunikations- und Prozessgeschehen zu entfalten ist. Die Vorstellung jedenfalls, die kirchliche Vermittlungspraxis

---

98 Vgl. zum Ganzen *Huber*, Kirche und Öffentlichkeit, 34–49.
99 Vgl. ebd., 533–573.
100 Vgl. *Huber*, Die Rolle der Kirchen.

als ein Geschehen «von oben herab» zu verstehen, unterläuft diese notwendige Mitbeteiligung und Mitverantwortung fundamental.

Diese Form einer auf Mündigkeit setzenden Intermediarität betrifft nun aber nicht nur die je konkrete Vermittlungspraxis in den unmittelbaren personalen Begegnungen und Beziehungen, sondern auch diejenige für die unterschiedlichen Ebenen kirchlicher Sozialgestalten. Auch hier gilt, dass zwar unterschiedliche Zuständigkeiten und Einflussbereiche je nach kirchlicher Ebene zu konstatieren sind, Vermittlung aber nur im Sinn des wechselseitigen Austausch gedacht und praktiziert werden kann. Insofern kann hier von einer Art gebotener innerkirchlich-subsidiärer Intermediarität gesprochen werden. Grundsätzlich gilt diesbezüglich, dass zwischen einem biblisch-dogmatisch gefassten Verständnis der Institution Kirche und ihrer Organisationsdimension deutlich zu unterscheiden ist.[101]

Im Begriff der Institution spiegelt sich der Grund von Kirche gegenüber ihrer empirischen Wirklichkeit als geschichtliche Größe wider. Anders gesagt: Die schon im EKD-Impulspapier «Kirche der Freiheit» als Mentalitätswandel beschriebene Veränderung kann sich letztlich nur auf die organisatorische Seite von Kirche beziehen – und damit nicht auf ihre Bedeutung als Institution, die theologisch gesprochen gar nicht zur Debatte steht:[102] «Das, was die Kirche konstituiert, [kann] nicht selbst als Gegenstand kirchlicher Entscheidungsprozesse verstanden werden»[103]. Die tiefere Bedeutung der Institution Kirche im Sinn einer verlässlichen Grundlage für alles Handeln ist folglich durch die Qualitätsdebatte selbst weder zu erschließen noch zu konstituieren.

In der Frage des notwendigen Handelns der Organisation[104] bzw. einer

---

101 Hilfreich ist hier der folgende Vorschlag *Anhelms*, wonach drei Ebenen von kirchlichen Sozialgestalten in ihrer Affinität zur Zivilgesellschaft unterschieden werden können: «Die Institution Kirche im engeren Sinne, die die Sakramente verwaltet, Liturgie bewahrt, auch dem Arkanum, dem Mysterium Raum bereitet, die Organisationen der Kirche, die stärker auf den Dienst an und in der Welt ausgerichtet sind und darin an Verkündigung und Mission teilhaben und die selbstorganisierten Initiativen, Gruppen, Zusammenschlüsse und Netzwerke, die ihren christlichen Glauben in ihrer Lebenswelt durch Aktivitäten, Aktionen, Lobbyarbeit usw. bezeugen.» Das verbindende Element bestimmt Anhelm dabei folgendermaßen: «Die Schnittmenge zwischen den verschiedenen Ebenen ist der ekklesiologisch-soziale Zusammenhang, wie er im Bild des Leibes mit seinen Gliedern und deren unterschiedlichen Funktionen zum Ausdruck kommt», *Anhelm*, Die Zivilgesellschaft und die Kirchen Europas.

102 Vgl. *Hauschildt*, Hybrid evangelische Großkirche, 59f.

103 *Laube*, Die Kirche als «Institution der Freiheit», 166.

104 Vgl. dazu auch die Diagnose von *Hauschildt*, Hybrid, 60, nach der sich die EKD in ihrem Impulspapier als Organisation beschreibt, was sicherlich eine der wesentlichsten Entscheidungen der Impulsschrift darstellt.

Reform der Institution Kirche auf ihrer organisatorischen Handlungsebene kommen dagegen andere Begründungsmuster zum Tragen: Hier ist nicht mehr die normative theologische Verankerung und Begründung von Kirche als erwartungssicherem Ordnungsfaktor direkt angesprochen, sondern im Blick ist hier stärker der Aspekt der Zweckbezogenheit in einer Welt, die sich nach Kosten-Nutzen-Regeln ausrichtet und nach dem Dienstleistungscharakter auch der kirchlichen Angebote fragt.

Der Organisationsbegriff ist somit immer auch auf seinen theologischen Anknüpfungspunkt hin zu bedenken, denn für sich allein erleichtert er zwar die Beschreibung der Sozialgestalt der Kirche, ist aber hinsichtlich des spezifischen Handelns bzw. der Auftragsbestimmung von Kirche unzureichend[105]. Damit wird nun der Bereich einer praktisch-theologischen Kirchentheorie im engeren Sinn betreten – wobei grundsätzlich festzuhalten ist, dass mit den hier entfalteten Grunddimensionen von einem unmittelbar theologiebezogenen und auch Theologie bildenden Verständnis Praktischer Theologie ausgegangen wird[106].

Für eine solche kirchentheoretische Grundlegung erscheinen die Leitperspektiven Freiheit, Verantwortung und Hoffnung in besonderer Weise geeignet, diese Ausgestaltung der Vermittlungsaufgabe der Kirche als intermediärer Institution zu verdeutlichen.

2. Theologische Leitperspektiven einer praktisch-theologischen Ekklesiologie

Die Begründung für die Auswahl dieser *Leitperspektiven* liegt darin, dass diese als theologische *Schlüsselbegriffe* verstanden werden können, von denen her sich die Vielfalt des Handelns einer öffentlichen Kirche strukturieren lässt. Aufgrund ihrer *alltagssprachlichen Verwendung* und *Begründung- bzw. Deutungsoffenheit* sind sie dazu geeignet, als kommunikative Schnittstellen zwischen zivilgesellschaftlichem und kirchlichem Handeln zu fungieren.

Von diesen Leitperspektiven her kann deutlich werden, was es heißt, konkrete gesellschaftspolitische Problemlagen im Licht des Evangeliums zu bedenken und durch die jeweilige kirchliche Praxis zu bearbeiten.

---

105 Vgl. *Ludwig*, Von der Institution zur Organisation, 270.
106 Vgl. *Schlag*, Lieber profane Vielspältigkeit als heilige Einfalt.

2.1 Zur Leitperspektive christlicher Freiheit

Es wäre müßig, von theologischer Seite aus die gegenwärtige Gesellschaft einmal mehr in ihrem individualistischen Freiheitsstreben zu beschreiben und womöglich gar die spezifischen Freiheitspraktiken der Gegenwart zu beklagen. Es wäre auch mindestens zwiespältig, wenn nicht sogar falsch, würde man ein solches Freiheitsverständnis – noch zumal verbunden mit der Klage über die postmodernen Verhältnisse – als ein alarmierendes Zeichen des Niedergangs der gegenwärtigen Gesellschaft ansehen, so als ob Kirche und Christen gleichsam die letzten echten Verteidiger christlicher Leitkultur wären. Eine solche, sich über die Weltverhältnisse stellende Selbstpositionierung erscheint als ein kirchentheoretischer Ausgangspunkt nur wenig hilfreich.

Sich als Kirche außerhalb der realen Verhältnisse der Welt zu betrachten und sich als Christ gar auf eine exklusive Form der Weltgestaltung zu berufen, entspricht keineswegs der Realität der Kirche mitten in der Welt und den Gegebenheiten jedes einzelnen Lebens. Insofern muss man sich im Fall der Klage über das Freiheitsbegehren innerhalb postmoderner Gesellschaften vonseiten der Kirche aus darüber im Klaren sein, immer Teil der bestehenden Verhältnisse selbst zu sein. Zudem hat eine dezidiert gesellschaftskritische, gar prophetische Klagehaltung gegenüber den herrschenden Verhältnissen mindestens mit in Betracht zu ziehen, ob man sich selbst als Kirche möglicherweise längst mit eben jenen Verhältnissen mindestens schiedlich friedlich, wenn nicht sogar ausgesprochen bequem arrangiert hat.

Gleichwohl ist zu fragen, ob ein individualistisches Freiheitsstreben, vor allem dann, wenn es auf Kosten anderer geschieht, einfach als alternativlos anzusehen ist. Von daher erscheint es verheißungsvoll und notwendig, dem Freiheitsideal der Gegenwart «auf Kosten anderer» mindestens eine deutlich andere Vorstellung von Freiheit an die Seite bzw. gegenüber zu stellen. Im Folgenden soll an ein biblisch und theologisch grundgelegtes Freiheitsverständnis erinnert werden, das für ein gelingendes und friedliches Zusammenleben mindestens inspirierend zu sein verspricht.[107]

Freiheit im theologischen Sinn ist zuallererst als eine von Gott her zugeeignete und zugesprochene Qualifizierung menschlicher Lebensführung zu verstehen. Dies bedeutet dann auch, dass der Rekurs auf Gott in seiner unverfügbaren Selbstvergegenwärtigung keine Bedrohung der autonomen Würde des Menschen darstellt, «sondern gerade umgekehrt der Verweis auf den Rechts- und Realitätsgrund dieser Würde»[108] ist.

---

107 Vgl. dazu auch *Körtner*, Reformatorische Theologie.
108 *Dalferth*, Kontextuelle Theologie, 46.

Leben erfährt seinen Freiheitssinn durch die Zusage Gottes an den Menschen, zu einem freien und mündigen Wesen bestimmt zu sein. Im Sinn der Freiheit eines Christenmenschen bedeutet dies, dass der Mensch sich von keiner anderen Macht als der Macht Gottes her Orientierung und Bestimmung zu erhoffen braucht. Im zweiten Sinn der Freiheit eines Christenmenschen bestimmt diese Zusage Gottes das Verhältnis des Menschen zum Mitmenschen und der Welt als ganzer: Weil der Mensch von Gott her die Zusage zur Freiheit und zur mündigen Selbstbestimmung empfangen hat, eröffnet ihm dies alle Möglichkeiten des freien Dienstes an allen anderen.

Dies bedeutet, dass Gottes Zusage den Menschen nicht primär zur «Freiheit von etwas» entbindet – also das Streben nach unbedingter grenzenloser Autonomie theologisch legitimiert würde. Vielmehr ermutigt und befähigt ihn diese Zusage gerade «zur Freiheit zu etwas» – sei es zur Aufmerksamkeit auf den Nächsten und den Dienst an diesem, sei es für das Engagement in Gemeinde und Gemeinschaft im Nahbereich, sei es für den Einsatz für Kirche und Gesellschaft in einem weiteren Horizont: «Für alle Fragen kirchlicher Praxis ist es ein nicht bloß formales, sondern aus dem Inhalt des Evangeliums selbst entspringendes Kriterium, ob dabei Freiheit eröffnet wird. Freiheit im christlichen Verständnis gibt sich daran zu erkennen, daß sie als Freiheit vom Gesetz zum Dienst am Schwachen willig macht.»[109]

Man kann dies auch nochmals kirchentheoretisch durchbuchstabieren, indem man diese Freiheitsperspektive auf die Frage der unterschiedlichen Profile von Kirchenreformbestrebungen anwendet. Hier ist festzuhalten, dass gerade die Freiheit zur persönlichen Entscheidung den wesentlichen Ausgangspunkt für alle Formen der individuellen und gemeinschaftlichen Partizipation darstellt. Aus reformatorischer Perspektive lautet die entscheidende Frage, «wie die geschichtlich gewachsene Vergemeinschaftungsform der Kirche so gestaltet werden kann, dass sie der christenmenschlichen Freiheit des einzelnen nicht widerspricht, sondern entspricht».[110]

Nur wenn diese Freiheit gewährleistet und zugleich ermöglicht wird, kann Kirche auch in ihrem öffentlichen Sinn überzeugend in Erscheinung treten und agieren. Zugleich bildet das reformatorische Freiheitsverständnis das wesentliche Beurteilungskriterium für die Frage, wie sachgemäß bestimmte Missionierungsstrategien sind. Alle auch noch so subtilen Bedrängungen zur Entscheidung wie auch Vereinnahmungsstrategien widersprechen jedenfalls diesem christlichen Freiheitsverständnis und stellen nichts anderes als eine Variante fundamentalistischer und fundamentaler Freiheitsberaubung dar.

---

109 *Ebeling*, Studium der Theologie, 129.
110 *Laube*, Die Kirche als «Institution der Freiheit», 133.

Dass dieser freie Dienst am Anderen nicht nur eine *Möglichkeit*, sondern auch eine *Verpflichtung* Gott und den Menschen gegenüber darstellt, soll im nächsten Abschnitt unter der Leitperspektive der Verantwortung näher in den Blick genommen werden.

2.2 Zur Leitperspektive christlicher Verantwortung

Was bereits für den Freiheitsbegriff in seiner gegenwärtigen gesellschaftlichen Wahrnehmung und Verwendung gesagt wurde, lässt sich auch für den Verantwortungsbegriff formulieren: Eine von kirchlicher Seite immer wieder artikulierte Generalkritik an den vermeintlich individualistisch-verantwortungslosen Zuständen der Gegenwart dürfte so falsch wie auch kirchentheoretisch unproduktiv sein. Zwar mag in den aktuellen gesellschaftlichen Verhältnissen auf den ersten Blick die Bereitschaft, Verantwortung zu übernehmen, nachgelassen haben, wofür immer wieder die berühmt-berüchtigten Beispiele des «Wegschauens» im Fall öffentlich stattfindender oder inszenierter Gewalt bemüht werden. Auf der anderen Seite übernimmt sowohl in der deutschen wie in der schweizerischen Gesellschaft ein hoher Prozentsatz von Menschen etwa im Rahmen einer freiwilligen oder ehrenamtlichen Tätigkeit bewusst Verantwortung – sei es für den unmittelbaren Nahbereich der Nachbarschaft und lokalen politischen oder kirchlichen Gemeinde, in regionalen Initiativen oder in Projekten mit globaler Ausrichtung.

So gilt auch hier wieder, dass eine theologische Sicht auf den Begriff von Verantwortung und die Aufgabenbestimmung der öffentlichen Kirche in dieser Hinsicht nicht von einer grundsätzlich defizitorientierten Perspektive aus angestellt werden sollte: Auch ohne das Engagement im Kontext *öffentlicher Kirche* finden natürlich vielfältige persönliche und kollektive Verantwortungspraktiken statt. Vielmehr geht es darum, zu verdeutlichen, dass es gute theologische Gründe dafür gibt, als öffentliche Kirche *weitere* Räume und vielleicht auch *bisher noch unbeachtete* Gelegenheiten und Kontexte für eine individuelle und gemeinsame Verantwortungsübernahme zu eröffnen und damit Verantwortung in spezifisch christlichem Sinn und Geist zu profilieren. Eingebracht werden damit nicht qualitativ bessere Begründungen für verantwortliches Handeln, sondern Begründungen in einer besonderen Perspektive: Aber auch hier ist zu betonen: Ob sich diese Begründungen als tragfähig erweisen werden, lässt sich erst und nur durch ihre konkrete Thematisierung und Erprobung plausibilisieren.

Der zentralen biblischen Argumentationsstruktur nach kann und soll der Mensch vom Ursprung seiner je individuellen Geschöpflichkeit und Gottebenbildlichkeit aus Verantwortung übernehmen, weil Gott ihn als verantwortungsfähiges Wesen erschaffen und zur Verantwortung berufen hat.

Dementsprechend ist Verantwortung «in dem Wissen darum gegründet [...], daß der Mensch als handelndes Subjekt von Voraussetzungen lebt, die er nicht selbst geschaffen hat, sondern die ihm gegeben sind, an deren lebensvoller Geltung er gleichwohl beteiligt ist».[111] Indem der Mensch von Gott her aus selbstgemachten Zwängen befreit ist, ist er zugleich von dort her zur Antwort auf diese göttliche Annahme und damit zu verantwortlichem Handeln befähigt sowie zur eigenen Verantwortlichkeit berufen.

Diese Verantwortungsdimension wird etwa in der göttlichen Aufforderung manifest, zur Rechenschaft vor jedermann bereit zu sein (1Petr 3,15), dadurch das Evangelium bekräftigend zu verteidigen und mit der eigenen Person zu verantworten (Phil 1,7.16). Sie gewinnt ihre existentielle und eschatologische Dimension in der paulinischen Einsicht, wonach sich jeder einzelner Mensch vor dem Richterstuhl Gottes für sein gelebtes Leben verantwortlich zeigen muss (2Kor 5,10). Der christliche Glaube setzt politische Verantwortung frei, indem er die politischen Wirklichkeiten zugleich in das Licht der kommenden Welt stellt. In diesem Sinn profiliert er die Mitverantwortung für Politik, ohne darauf setzen zu müssen, dass sich die tiefere Bedeutung des Glaubens erst durch politisches Handeln erschließt.

Der Verantwortungsbegriff gewinnt sein kirchentheoretisch bedeutsames Profil nun dadurch, dass sich diese Bezugnahme auf das Evangelium mit der sehr konkreten Übernahme von Verantwortung in den weltlichen Zusammenhängen verbindet. Reformatorisch gesprochen liegen die Dimensionen von Gotteszusage und Weltverantwortung bzw. von göttlicher und menschlicher Gerechtigkeit unmittelbar ineinander.[112] In aller Freiheit eines Christenmenschen kann, darf und soll in der Nachfolge Christi Verantwortung gegenüber dem Nächsten übernommen werden.[113]

Diese theologische Grundlegung bringt es mit sich, dass der Verantwortungsbereich des Menschen nicht auf seinen Nächsten und Nahbereich beschränkt bleiben kann, sondern ausdrücklich im weiten Horizont der Mitverantwortung für die ganze Schöpfung zu verstehen ist. Im Blick auf die reformatorischen Einsichten formuliert: «Aus individuellem Glauben kommt das Heil; persönliche Verantwortung ist der letzte Grund gesellschaftlicher Kompetenz»[114].

Diese Verantwortungsübernahme kann sehr unterschiedliche Gestalt annehmen, die von der Wahrnehmung und Aufmerksamkeit auf den anderen,

---

111 *Rendtorff*, Ethik, 9.
112 *Bühler, Der Mensch vor der Aufgabe ethischer Verantwortung.*
113 Vgl. *Plathow*, Freiheit und Verantwortung.
114 *Korsch*, Martin Luther, 6.

über seine explizite Anerkennung bis hin zum mutigen Einsatz für dessen Interessen und Lebensschutz reicht. Damit verbinden sich zugleich – was im weiteren Verlauf noch deutlich werden wird – sehr unterschiedliche Möglichkeiten, Ebenen und Formen der öffentlichen Kommunikation und des Einsatzes für den je anderen. Diese Formen können von der empathischen Annahme im persönlichen Gespräch über die gemeinsame Artikulation konkreter Notlagen bis hin zur breiten öffentlichkeitswirksamen, gegebenenfalls auch demonstrativen und provokativen Aktion reichen.

Um dies kirchentheoretisch zu verdeutlichen: Erst von dieser theologischen Grundfigur der Befähigung und der Verpflichtung zur Verantwortungsübernahme lässt sich eine öffentliche Kirche als tatsächlich partizipatorische Größe denken und gestalten. Wird hingegen von vornherein diese Verantwortungsfrage im Sinn einer bestimmten Amtshierarchie bewusst oder unbewusst (miss)verstanden, indem sie nur einer einzigen Ebene tatsächlich zugesprochen wird, so unterläuft dies den reformatorischen Grundgedanken gleichberechtigter Verantwortungsteilhabe in wesentlichem Sinn.

2.3 Zur Leitperspektive christlicher Hoffnung

Nach christlichem Verständnis ist menschliche Zukunftsorientierung entscheidend auf solche Potentiale angewiesen, die der Mensch weder aus sich selbst heraus generieren noch aus eigener Kraft und Vernunft zur Verwirklichung führen kann. Eine öffentliche Kirche bedarf, will sie individuelle Lebensführung unterstützen, neben ihrer freiheits- und verantwortungsbestimmten Leitperspektive auch der Grunddimension der Hoffnung, da in der individuellen Weltexistenz Herkunfts-, Gegenwarts- und Zukunftsfragen unmittelbar miteinander verbunden sind.

Dabei gilt theologisch gesprochen: Die Zukunftsmöglichkeiten des Menschen sind erst von der Hoffnung auf Gottes Zukunftsbestimmung her angemessen in den Blick zu nehmen. Die Zukunft des Menschen als Gegenüber Gottes ist entscheidend auf die Zusage des Gottesverhältnisses *von Gott her* bezogen. Diese Zukunftseröffnung ist nach theologischem Verständnis in Gottes schöpferischer Aktivität, befähigender Begleitung und verheißener Neuwerdung des Menschen zu fassen. Dabei bildet die Vorstellung christlicher Auferstehungshoffnung den entscheidenden Bezugspunkt allen Lebens. Erst die Wirklichkeit des Auferstehungsglaubens ermöglicht alle menschlichen Möglichkeiten und damit schöpferische Nachfolge.

Dieser Zuspruch zur Nachfolge gilt aber nicht nur für individuelles Handeln, sondern die Gemeinde als ganze lebt von dieser Hoffnung: Ihr «Leben und Leiden, ihr Wirken und Handeln in der Welt und an der Welt [muss] von dem geöffneten Vorraum ihrer Hoffnung für die Welt bestimmt sein»[115]. Die entscheidende christliche Perspektive auf den Raum gesellschaftspolitischen Engagements stellt die eschatologisch konnotierte Zusage dar, dass der Christ sein eigentliches Bürgerreich im Himmel besitzen wird: «Wir haben unser *politeuma* im Himmel, und aus ihm erwarten wir als Retter den Herrn Jesus Christus» (Phil 3,20). Von dort aus entfaltet die Hoffnung auf diese jenseitige Zukunft ihre spezifische Bedeutsamkeit für die Mitgestaltung der irdischen Verhältnisse. In prägnanter Weise heißt dies: «Die Christliche Welthoffnung ist auf der einen Seite im Dienst der Versöhnung realitätsnäher als der Idealismus der Menschenrechte, auf der anderen Seite aber größer in ihrer Zukunftsvision des Aufgangs der Gottesgerechtigkeit.»[116]

In diesem Sinn hat christliche Hoffnung relationale Bedeutung: Einerseits lebt sie von Gottes Verheißung her, andererseits bedarf sie der hoffnungsvollen Zuversicht im Menschen: So stellt sie als «Herzstück des christlichen Evangeliums» ein Verbindungsstück «zwischen dem Evangelium und unserer Erfahrung der conditio humana» dar.[117] Zugleich gewinnt die theologische Deutungskategorie der Hoffnung erst durch ihren prinzipiell dialogischen Charakter ihre Tiefenschärfe.

2.4 Kirchentheoretische Folgerungen

Die genannten Leitperspektiven der Freiheit, Verantwortung und Hoffnung stellen natürlich keine neue und ganz überraschende Begrifflichkeit dar, wenn über die Zukunft von Kirche und die dafür notwendigen Bedingungen nachgedacht wird. Allerdings tragen die Begriffe in ihrer üblichen semantischen Fassung das Problem in sich, dass sie zwar gleichsam wie Verfassungsprinzipien einerseits in ihrer Richtigkeit kaum bestreitbar sind, andererseits aber häufig gerade blass bleiben, wenn sie nicht direkt mit der notwendigen Akteursperspektive und der bereits angedeuteten Ausdifferenzierung der konkreten Vermittlungsebenen und -praktiken verbunden werden.

Es erscheint jedenfalls als eine sachgemäße und verheißungsvolle Zielstellung im Horizont öffentlicher Theologie, von Kirche nicht «nur» als Institution der Freiheit, sondern in theologisch-inklusivem Sinn als von einer *intermediären Institution der Befreiten, Verantwortlichen und Hoffenden* zu reden.

Um diese Trias in den größeren Rahmen einer praktisch-theologischen Kirchentheorie einzuspannen: Kirche lebt entscheidend von der Grundspan-

---

115 *Moltmann*, Theologie der Hoffnung, 301.
116 *Moltmann*, Ethik der Hoffnung, 253.
117 *Berger*, Erlösender Glaube?, 210.

nung zwischen sichtbarer und unsichtbarer Kirche bzw. konkreter gesprochen von der Unterscheidung zwischen einem dogmatischen, einem ethischen und einem rechtlichen Verständnis von Kirche. Erst aus einer solchen differenzierenden Perspektive auf Kirche als Glaubens-, Handlungs- und Rechtsgemeinschaft[118] bzw. aus der Erkenntnis der normativen, pragmatischen und strukturell-organisatorischen Aspekte kirchlicher Praxis[119] können die Perspektiven von Befreiung, Verantwortung und Hoffnung überhaupt in sachgemäße Handlungsvollzüge transferiert werden.

In diesem Sinn geht kirchliches Handeln weder ganz und gar in den weltlich denkbaren Aktivitäten auf noch ganz und gar in der Hoffnung auf die Überwindung aller weltlichen Bedingungen und Gegebenheiten. Die Absonderung einer eigenen Gemeinde der Heiligen verbietet sich schon von dort aus. Im kirchlichen Handeln entscheidet sich somit theologisch gesprochen nicht das Wohl und Wehe und schon gar nicht das Heil der Welt. Aber beides wird gerade im Vollzug als öffentliche Kirche immer wieder neu manifest und zur Sprache gebracht. Für die kirchentheoretische Reflexion bringt dies die Aufgabe einer immer wieder neuen Bearbeitung des Spannungsverhältnisses «zwischen dogmatischer Bestimmung und empirischer Wirklichkeit der Kirche»[120] mit sich.

Eine rein soziologische Bestimmung von Kirche hingegen, etwa als Repräsentanz von Religion innerhalb der ausdifferenzierten Gesellschaft, als teilhabeoffene Diskursgemeinschaft oder als eine über Mitgliedszahlen und Vollzugsformen empirisch eindeutig bestimmbare Größe, vermag der Sache nach ihren Anspruch und Grund nicht zu erfassen. Dies bedeutet, dass Kirche als eine institutionelle Größe mit sehr spezifischen pluralen und prozesshaften Vollzugsformen zu verstehen ist, die sich immer erst durch den öffentlichen Vollzug neu konkretisiert und erst dadurch öffentlich plausibel werden kann. Dieser dynamische Gestalt- und Vollzugscharakter ist zudem wesentlich von der unhintergehbaren Pluralität im Sinn individuellen, kirchlichen und öffentlichen Christentums bedingt – wobei im vorliegenden Zusammenhang die Dreiteilung D. Rösslers[121] so auszudifferenzieren ist, dass individuelles und kirchliches Christentum eben auch in ihrer eminent öffentlichen Perspektive und das öffentliche Christentum eben vice versa unter Bezugnahme auf seine individuelle und kirchliche Dimension zu betrachten sind.

---

118 Vgl. *Reuter*, Der Begriff der Kirche in theologischer Sicht.
119 Vgl. *Hermelink*, Praktische Theologie und Kirche, 450.
120 *Laube*, Die Kirche als «Institution der Freiheit», 133.
121 Vgl. *Rössler*, Grundriss der Praktischen Theologie.

Dafür erscheint – um es einmal plastisch und anschaulich zu machen – das Bild des wandernden Gottesvolkes, das sich über seine eigene Identität erst im ergründenden Vollzug und auf dem Weg ins Neue klar wird, als hilfreiche Orientierungsgröße.[122] Alle statischen Formierungsversuche hingegen, etwa durch bestimmte lehramtliche oder leitbildartige Formulierungen über das vermeintliche Wesen und das Ziel von Kirche vermögen diesem öffentlich-dynamischen Vollzugscharakter kaum gerecht zu werden. Insofern zeichnet sich Kirche gerade als Volkskirche ihrer Sache und ihrem Auftrag nach durch unterschiedlichste Möglichkeiten der dynamischen Ausformung sowie durch hochflexible Sozialgestaltungen aus.

Gerade eine solche Sicht auf Kirche und Gemeinde und deren Vollzugsformen hat im Bild des Leibes und der Glieder ihre sachgemäße Grundlegung: Zu betonen ist in diesem Zusammenhang aber auch, dass die Kirche «durch ihren Glauben, ihre Taufe oder ihre Ämter diesen ‹Leib› nicht etwa erst schafft, sondern ihn gewissermaßen an den Tag und ‹unter die Leute› bringt».[123] Insofern konstituiert sich der Leib Christi als Gemeinde nicht durch das eigene öffentliche Auftreten und sei es auch in noch so gewaltiger Gestalt, sondern zu allererst durch das Hören auf Gottes Wort selbst. Jedweder kirchliche und gemeindliche Öffentlichkeitsanspruch geht folglich vom göttlichen Zuspruch in Wort und Sakrament[124] selbst aus und nimmt erst und nur von dort her seine ihm entsprechende öffentliche Positionierung ein.

Insofern muss jeder Versuch, hier Homogenitäten und Eindeutigkeiten über die Köpfe einzelner Akteure und Mitglieder hinweg primär aus bestimmten weltlich-öffentlichen Erwägungen heraus zu schaffen, von vornherein als theologisch ausgesprochen bedenklich angesehen werden, da dies die inhärente Pluralität des Leib-Glieder-Bildes und den Grundgedanken der in der Taufe zugesagten Rechtfertigung in erheblicher Weise unterliefe.

Auf der anderen Seite zeichnet sich Volkskirche im Vollzug theologisch gesprochen gerade durch das Vertrauen seiner Akteure darauf hin aus, dass sich im Ereignis und Vollzug kirchlicher Praxis von Gott her das entscheidende schöpferische Wort ereignet und in seiner Lebensbedeutung entwickelt, was tatsächlich auch zu gelingender neuer Gemeinde- und Gemeinschaftsbildung im Licht des Priestertums aller Gläubigen führen kann.

Dass dieses menschenmögliche Handeln gelingen kann und soll, ist wiederum nur als ein Vertrauen auf den Heiligen Geist angemessen zu reformulieren. Die paulinische Charismenlehre vermag hier, trotz aller immer wieder

---

122 Vgl. *Link*, Die Kennzeichen der Kirche aus reformierter Sicht, 292.
123 *Link*, Die Kennzeichen der Kirche aus reformierter Sicht, 284.
124 Vgl. etwa *Freudenberg*, Reformierte Theologie, 248.

unheiligen Funktionalisierungstendenzen, als eine wesentliche Richtgröße für die Ausgestaltung des konkreten kirchlichen und gemeindlichen Lebens vor Ort zu dienen ebenso wie zur Analyse der politischen Verhältnisse: «‹Der Geist der Gerechtigkeit, der Wahrheit und der Liebe› steht in vielfältigen Spannungen mit realen Gegebenheiten der Marginalisierung, Unterdrückung und Verohnmächtigung von Menschen in krassen, brutalen und latenten Formen.»[125] Dieser Beziehung des Geistes Gottes zu und mit den Menschen kann streng genommen von menschlicher Seite aus nur dadurch entsprochen werden, dass nach dem Tiefensinn aller biblischen Verkündigung gefragt und immer wieder neu nach Formen gelingender kirchlicher Gemeinschaft gesucht wird. Zudem ist ausgehend von einem Verständnis von Kirche als *corpus permixtum* jeglicher Versuch der Scheidung der Geister dem Heiligen Geist selbst zu überlassen.

Dazu ist von menschlicher Seite aus nicht mehr, aber auch nicht weniger zu tun, als durch das Hören und Deuten in aller Freiheit, Verantwortung und Hoffnung zu dieser Gemeinschaftsbildung beizutragen. Gerade eine solche christliche Grundhaltung macht den spezifischen Charakter von Volkskirche als einer geistorientierten, prinzipiell auf Partizipation hin ausgelegten und angewiesenen Kommunikations- und Diskursgemeinschaft deutlich.

Im Blick auf die kirchliche Kommunikations- und Deutungsaufgabe stellt sich hier angesichts der gegenwärtigen Traditionsabbrüche für eine solche liberal gefasste praktisch-theologische Ekklesiologie ein besonderes Problem, das von einem nicht unerheblichen Unbehagen angesichts mancher missionarischer Rhetoriken ausgeht: Die angesprochenen Kreise haben ihre Gestaltstrategie insofern geändert, als eine bestimmte indoktrinierende oder erkennbar überwältigende Form der religiösen Kommunikation inzwischen mindestens nach außen hin eher verpönt wird. Hier hat sich die Einsicht durchgesetzt, dass eine bestimmte frontal-konfrontative Rhetorik eher kontraproduktiv wirkt, wenn es etwa um die Gewinnung neuer Mitglieder geht. Insofern sind hier gegenwärtig eher Strategien auf den ersten Blick niedrigschwelliger, auf argumentative Überzeugung setzender Kommunikationsformen festzustellen, die jeweils nach neuesten medien- und marketingstrategischen Gesichtspunkten eingesetzt und verbreitet werden – nicht ohne dass immer wieder die Offenheit des eigenen Orientierungsangebots betont wird.

Das Unbehagen stellt sich dort ein, wo erkennbar wird, dass diese proklamierte Offenheit eben zu nicht mehr dienen will als ein möglichst attraktives Eingangsangebot zu unterbreiten und damit einer möglichen Schwellenangst offensiv entgegenzutreten. Dabei bleibt nun allerdings die grundlegende

---

125 *Welker*, Zukunftsaufgaben Politischer Theologie, 89.

ekklesiologische Strategie und Haltung doch die gleiche wie sie Erweckungs-bewegungen immer schon auszeichnen: «Hinter der Schwelle» weiß man nämlich meist sehr genau, was den christlichen Glauben ausmacht und worin die biblisch-theologischen, kommunikativen und ethischen Standards beste-hen, auf die es sich als Bedingung zur Gemeinschaftsteilhabe einzulassen gilt. Es geht somit um die permanente Erzeugung authentischer und auf eben jenes Gemeinschaftsziel bezogener Kommunikation und der entsprechenden Handlungsweisen.

In ethischer Hinsicht ist dies dann nicht nur im Fall enger moralistischer Vorgaben problematisch, sondern allein schon die Annahme, dass es ein je-derzeit eindeutiges ethisches Urteilen und Handeln aus christlichem Geist ge-ben könne, unterläuft in erheblicher Weise die Komplexität ethischer Themen und ebenso die mögliche Vielfalt jeweils sehr gut auch theologisch zu be-gründender unterschiedlicher Urteile und Handlungen. Damit widersprechen schon solche subkutan missionarischen Kommunikations- und Rekrutie-rungsstrategien den Maßstäben einer seriösen praktisch-theologischen Ekkle-siologie und ohnehin der faktischen und notwendigen Pluralität volkskirch-lichen Lebens.

Nun wird dem entgegengestellt, dass gerade eine liberale Version von Kirche über kurz oder lang zum endgültigen Verlust der überlieferten Traditi-onsgehalte und des Grundverständnisses von Kirche als Gemeinschaft bei-tragen müsse. Im Raum stehen dann die Vorwürfe inhaltlicher Beliebigkeit und moralischer Lauheit, unentschiedenen Kompromissler- und endlosen De-battiertertums bis hin zu mehr oder weniger massiven Abwertungen der «Weihnachts- und Feiertagschristen». Schon abgesehen davon, dass die darin erkennbare Vorannahme einer möglichen Eindeutigkeit christlicher Traditi-onsgehalte und der homogenitätsvisionäre Gemeinschaftsbegriff schon in sich hermeneutisch nicht unproblematisch sind, stellt sich zudem die Frage, ob denn solche Be- und Abwertungen mit dem Anspruch christlicher Ge-meinschaft überhaupt verträglich sind.

Natürlich ist jedem kirchlichen Praktiker die Not und Schwierigkeit ge-lingender Gemeindebildung durchaus vertraut. Und dass die Selbstverständ-lichkeiten kirchlicher Zugehörigkeit nachlassen, weiß jede Mitgliedschafts-studie so eindrücklich wie deprimierend vor Augen zu führen. Insofern ist mit einer liberalen Grundposition tatsächlich dort «wenig Kirche» zu ma-chen, wo die eigene Grundposition schwammig und unscharf bleibt. Auch mit einer liberalen Grundhaltung steht man vor der Aufgabe, sich so plausi-bel, attraktiv und inhaltsbezogen wie möglich verständlich machen zu müs-sen. Die Destruktion problematischer Positionen allein jedenfalls ist, wie die jüngere Theologiegeschichte zeigt, von nur geringer Strahlkraft und Nachhaltigkeit. Daraus nun allerdings die Generalkritik an einer protestantisch-liberalen Grundhaltung zu formulieren und daraus einen kollektiv-kirchlichen Umkehr- und Konversionsauftrag für die kirchlichen Akteure abzuleiten, erscheint hingegen mehr als fragwürdig.

Die eigentliche zukünftige Attraktivität kann nur darin bestehen, das eigene Angebot möglichst ansprechend öffentlich zu platzieren und vor allem an die Bedürfnisse und Interessen von Menschen anzuknüpfen, die sich nach wie vor mit der Kirche verbunden fühlen und ihr genau eine solche offene Orientierungsleistung auch nach wie vor in erheblichem Maß zutrauen. Bei aller sachlich berechtigten Kritik an den gegenwärtigen Milieustudien ist doch offenkundig, dass gerade in diesen dieser nach wie vor vorhandene Vertrauensvorschuss gegenüber der Kirche und ihren RepräsentantInnen auf eindrückliche Weise vor Augen kommt.

Es ist folglich mindestens für den Bereich der deutschen und schweizerischen evangelischen Kirchen nicht von blühenden Landschaften auszugehen, aber sicherlich genauso wenig von überall brachliegenden wüstenartigen Einöden, die grundsätzlich neuer Biotope bedürften. Dass natürlich einzelne Neupflanzungen und *grass-roots* dabei nicht ausgeschlossen sind, sondern sogar bewusst zu fördern sind, und dass sicherlich eine ganze Reihe von aktuellen Reforminitiativen einem dynamischen missionarischen Aufbruchsgeist entspringen,[126] sei an dieser Stelle ausdrücklich betont.

Die sachgemäße Form ist hier folglich die des einübenden Hörens und gemeinsamen Deutens bestimmter Überlieferungsgehalte und Interpretationen. Alles andere würde gerade den prinzipiellen Vollzugscharakter volkskirchlicher Praxis sogleich wieder in sträflicher Weise unterlaufen. Dies kann nun allerdings aber ebenso wenig bedeuten, dass man in einem bestimmten liberalen Geist ganz auf die kulturelle Verflüssigung christlicher Ursprungstraditionen setzt. Wird der kirchliche Auftrag primär darin gesehen, sich als eine irgendwie auch vorhandene weitere Größe im gesellschaftlichen Eventkalender zu positionieren, wird ihr Eigen-Sinn und Eigenprofil tatsächlich immer weniger erkennbar sein. Damit sich «intensiv betriebene Beziehungspflege»[127] langfristig für die kirchliche Arbeit tatsächlich auszahlt, ist ein immer auch erkennbares theologisches Profil unverzichtbar. Insofern ist das Bestreben, die kirchliche Angebotspraxis gleichsam nur noch in der unkritischen Bereitstellung eines passenden Raums für religiöse Kommunikation jedweder Art zu vollziehen, mindestens immer noch einmal auf seine theologische Tiefenschärfe hin zu befragen. Gerade vor dem Hintergrund einer

---

126 Vgl. die Analysen bei *Härle*, Wachsen gegen den Trend, 303.
127 *Härle*, Wachsen gegen den Trend, 306.

liberalen Fassung praktisch-theologischer Ekklesiologie sind hier die theologischen Herausforderungen einer profilierten Kommunikation und Deutung christlicher Glaubensgehalte intensiv in den Blick zu nehmen: «Kirche als vollmächtiges Wortgeschehen muß kenntlich sein. Und zwar um der Öffentlichkeit willen, die der Kirche wesenhaft eigen ist. Die Öffentlichkeit ist keine akzidentielle Bestimmung, die aus taktischen Gründen zugelegt oder abgelegt werden könnte. Sie ist identisch mit der Vollmacht des Wortes, die eine Geheimlehre ausschließt und darum auch Kirche nicht als Geheimbund existieren läßt.»[128] Und zugleich gilt dann auch: «Kirche als vollmächtiges Wortgeschehen geht auf in der Freiheit zum Dienen.»[129] Damit stellt sich dann aber tatsächlich die Frage nach den Bedingungen und Formen einer solchen Kommunikation, die einerseits gerade nicht überwältigt und vereinnahmt, andererseits aber erkennbar profiliert und offen ist.

2.5 Theologische Kommunikation als kirchentheoretische Perspektive

Ausgangspunkt für eine gelingende theologische Kommunikation muss hier sein, dass diese selbst zum einen von ihren Akteuren und deren Artikulationsbedürfnissen und -potentialen aus gedacht und andererseits die faktische Komplexität und Pluralität dieser Kommunikationsvorgänge unbedingt mit in den Blick genommen wird.

Es macht jedenfalls einen erheblichen Unterschied, ob davon ausgegangen wird, dass im kommunikativen Vollzug innerhalb der kirchlichen Praxis eine Theologie für Menschen angeboten oder mit ihnen gemeinsam entwickelt wird, und natürlich, ob überhaupt von einer solchen theologischen Grundkompetenz von Menschen ausgegangen wird.

Mit diesen Überlegungen soll im Übrigen die traditionelle Unterscheidung zwischen Theologie und Religion, die ja entscheidend mit der Befreiung des Individuums sowohl von dogmatischen wie von kirchlichen Zwängen einhergeht, nicht unterlaufen werden. Es soll, indem im vorliegenden Zusammenhang aber ausdrücklich von theologischer Kommunikation die Rede ist, dafür sensibilisiert werden, dass jegliche individuelle religiöse Kommunikation immer auch mindestens auf ihre theologische Anschlussfähigkeit hin zu befragen ist.[130] Oder um hier nochmals an die bereits angesprochenen neutestamentlichen und reformatorischen Traditionen einer partizipatorischen öffentlichen Verkündigung durch die sogenannten Laien selbst anzuschließen: «Laientheologie ist [...] nicht als naive Theologie der Laien, die, wenn sie

---

128 *Ebeling*, Theologie und Verkündigung, 101.
129 Ebd., 102.
130 Vgl. dazu *Schlag/Schweitzer*, Brauchen Jugendliche Theologie?

nicht ausreichend theologisch geschult und aufgeklärt werden, nicht selten fundamentalistisch und evangelikal zu denken geneigt sind, gemeint, sondern als Theologie, die mit den Nichttheologen in der Gemeinde als der prinzipiell in ihrer Gottesbeziehung mündigen Mehrheit rechnet.»[131] Insofern ist schon ein sich bewusst Sein der vielfältig aufgefächerten Kommunikationsbedingungen und Kommunikationsakte unbedingt notwendig, damit kirchliche Praxis in ihrer Verkündigungsabsicht nicht von vornherein am Ziel und vor allem an den Menschen selbst vorbei zielt. Reformatorisch gesprochen ist hier alles Vertrauen auf das Gelingen dieser Kommunikation zu setzen, die gerade aus guten theologischen Gründen unverfügbar bleibt.

Trotz dieser theologisch gut begründeten Unverfügbarkeit kirchlichen Gelingens muss ebenso deutlich sein, dass man sich bei einem solchen Gedanken gelingender kirchlicher Gemeinschaft von Beginn an immer auch über das Verhältnis zu den realen Weltverhältnissen – nicht als ganz anderes System, sondern als Teilbereich der eigenen kirchlichen Existenz – klar werden muss. Dies bedeutet, dass eine von den Subjekten ausgehende Rede einen klaren Bezug zum durch die *public theology* stark gemachten, gesellschaftskritischen Gedanken der «Option für die Schwachen» einzunehmen hat. Gerade in dieser Hinsicht einer *Volkskirche für alle* mit der besonderen Aufmerksamkeit auf die Schwachen als *Kirche für andere* sind die Leitperspektiven Freiheit, Verantwortung und Hoffnung nochmals in möglichst deutlicher Weise durchzubuchstabieren und im Sinn solidarischer Gemeinschaft zum Vorschein zu bringen. Gerade ihre notwendige Vermittlungsaufgabe nach innen wie nach außen legt es nahe, von Volkskirche als intermediärer Institution zu sprechen und damit ihren Platz inmitten der gegebenen Weltverhältnisse zu bestimmen, der sich mit einem für sie selbst unverzichtbaren Deutungsanspruch verbindet.

Auch hier ist insofern die Spannung zwischen einer der Welt prinzipiell zugewandten Kirche und zugleich einer Kirche als Kontrastmoment zu eben jener Gesellschaft produktiv aufzunehmen und aufrechtzuerhalten. Ganz im reformatorischen Ursinn geht es im Ernstfall tatsächlich immer auch darum, notwendige Gegenöffentlichkeiten gegen die etablierten Öffentlichkeiten herzustellen und wirkmächtig zu etablieren. Eine reine Konzentration auf innerorganisatorische Entwicklungsaufgaben hingegen würde diesem Anspruch und Auftrag gerade nicht gerecht.

---

131 *Stollberg*, Geist und Gemeinde, 197. Zur spezifisch reformierten Verknüpfung des dreifachen Amtes Jesu Christi mit der Teilhabe der Amtsträger *und* Laien vgl. *Freudenberg*, Reformierte Theologie, 250.

Gleichwohl ist der Organisations-Charakter von Kirche keineswegs zu vernachlässigen, weil er ein ebenso unverzichtbares Element der Ordnung nach innen wie der Erkennbarkeit nach außen darstellt. Problematisch wird es aus Sicht einer praktisch-theologischen Ekklesiologie erst dann, wenn hier Organisationsprinzipien etwa aus dem Bereich kirchlicher Verwaltung oder des Kirchenrechts als die prioritären Richt- und Entscheidungsgrößen angesehen werden, nach denen sich dann angeblich auch alle anderen kirchlichen Praxisvollzüge auszurichten hätten. Insofern ist die Spannung von Kirche als Hybrid zwischen Institution und Organisation gerade auch um ihres öffentlichen Auftrags willen aufrecht zu erhalten.

Nun bleibt aber eine solche praktisch-theologische Fundierung und das Erscheinungsbild einer öffentlichen Kirche oftmals ohne Sensus und Blick auf die faktischen Handlungsmöglichkeiten und Handlungsebenen, die es seinerseits, wie bereits angedeutet, so genau wie möglich auszudifferenzieren gilt.

3. Ebenenvielfalt der öffentlichen Kirche

Die Rede von unterschiedlichen Ebenen macht es notwendig, die Blickweite zu bestimmen, damit deutlich wird, welche Gestaltungs- und Einflussebenen hier in den Brennpunkt rücken. So soll vor dem Horizont innerkirchlicher wie zivilgesellschaftlicher Dynamik der Begriff der Intermediarität seinerseits in eine Makro-, auf die überregionale Kirchenleitungs- und Repräsentanzebene bezogene, in eine Meso-, auf die übergeordneten größeren kirchenleitenden Einheiten im Nahbereich bezogene, und in eine Mikroebene der einzelnen lokalen Gemeinden und Kirchenmitglieder näher ausdifferenziert werden. Dies erscheint auch deshalb notwendig, weil nicht wenige Konflikte gerade im Blick auf die jeweiligen Zuständigkeiten und Verantwortungszuschreibungen entstehen. Will Kirche als öffentliche Kirche relevant sein, ist dann eine möglichst klare Aufgabenbeschreibung unbedingt notwendig – und dies unter der grundlegenden Prämisse, dass Kirchenleitung immer auch als «geistliche Aufgabe»[132] anzusehen ist.

Dass sich diese Ebenen im Einzelfall nicht trennscharf unterscheiden lassen, gilt für das kirchliche Handeln auch insofern, als natürlich einzelne Akteure und Gremien immer wieder auf unterschiedlichen Beratungs- und Entscheidungsebenen interagieren. Gleichwohl kann für die protestantischen Kirchen von einem auf mehrere Ebenen verteilten Zuständigkeitssystem aus-

---

132 *Kunz*, Kybernetik, 611.

gegangen werden, für das es jeweils auch klare rechtliche Bestimmungs-
grundlagen gibt. Diese sind dabei im Prinzip mit dem jeweiligen politischen
System, sei es in Deutschland oder in der Schweiz, mit seiner grundsätzlichen Bundes-, Landes- und Gemeindeebene als analog zu denken. Dass sich
dabei die Zuständigkeiten im Vergleich zwischen beiden genannten Ländern
sowohl politisch wie kirchlich in erheblicher Weise unterscheiden, soll als
produktive Ausgangsbedingung für eine gemeinsame Perspektive dieser unterschiedlichen Ebenen angesehen werden. Dabei, um es vorwegzunehmen, liegt
der Charme einer vergleichenden Sichtweise darin, dass das deutsche System
vom Gedanken lokaler Zuständigkeit und weitgehender Autonomie durchaus
lernen kann und vice versa innerhalb des schweizerischen kirchlichen Selbstverständnisses die Vorteile der bestehenden zentralen Repräsentationsebene
stärker in das Blickfeld rücken sollten. Im Übrigen sei hier noch erwähnt,
dass die im Folgenden vorgenommenen Überlegungen nicht der zivilgesellschaftlichen Grundorientierung widersprechen, sondern eine solche differenzierte Sichtweise vielmehr für die Ausgestaltung der zivilgesellschaftlichen
Möglichkeiten und Notwendigkeiten produktiv sein soll.

3.1 Makroebene – Öffentlichkeitsdimensionen von Kirchengemeinschaft und Kirchenbund

Auf der Makroebene, denken wir hier einmal in concreto an die Institutionen
der Evangelischen Kirche in Deutschland (EKD) oder des Schweizerischen
Evangelischen Kirchenbundes (SEK), bringt dies für die Kirche in ihrer öffentlichen Vermittlungsfunktion eine Reihe von weitreichenden Orientie-
rungs-, Ermöglichungs- und Koordinationsaufgaben mit sich. Es geht insofern im Folgenden um die Frage der Ausgestaltung dieser *Intermediarität* im
Sinn einer kommunikativen Vermittlungspraxis auf der weitesten und brei-
testen Diskurs- und Entscheidungsebene im nationalen Maßstab – dass hier
Begriffe wie die der «höchsten», «übergeordneten» oder erst recht der «zentralen» Ebene nach Möglichkeit vermieden werden, liegt im protestantischen
Selbstverständnis von Kirche selbst begründet[133]. Damit sind natürlich kon-

---

133 In diesem Zusammenhang wäre natürlich gerade im Blick auf die Frage einer, globale
Sachfragen bearbeitenden, *public church* die Dimension ökumenischer Zusammenarbeit
einer eigenen ausführlichen Behandlung und Würdigung wert. Dies kann allerdings hier nur
als weitere wesentliche Perspektive angedeutet werden, die im Übrigen eher als kirchliche
Querschnitts-, denn als Ebenendimension zu verstehen ist. Die entscheidende ökumenische
Herausforderung wird zukünftig fraglos darin liegen, auf der Suche nach sichtbarer Einheit
die weltweiten Problemkonstellationen angesichts der offenkundigen theologischen Unterschiede so zu bearbeiten, dass dabei der der Ökumene zugrunde liegende Grundgedanke
christlicher Gemeinschaft deutliche erkennbare Priorität erhält. Interessanterweise wird die

krete Steuerungs-, Leitungs- und Repräsentationsfunktionen nicht ausgeschlossen, was aber im Einzelnen jeweils sachlich plausibel gemacht werden muss und wovon in der weiteren Entfaltung noch zu sprechen sein wird. Dabei ist grundsätzlich zu betonen: Vermutlich würde sich jede überregionale Institution glücklich schätzen, verfügte sie über ein ähnlich großflächiges und einflussreiches Netzwerk wie das der EKD und selbst dasjenige des SEK. Dass eine solche Struktur auf der Makroebene aus landeskirchlicher Perspektive dann etwa immer wieder als geltungssüchtige Macht- und Entscheidungszentrale angesehen wird, mag im Einzelfall zwar begründet sein, hat aber wohl vor allem mit einer Art protestantischem Antihierarchiereflex zu tun. Eine solche institutionelle Strukturiertheit sollte insofern nicht als Bedrohung lokaler Kompetenzen angesehen werden, sondern als ein erhebliches öffentliches Gestaltungspotential.

Die Frage wird somit sein, ob man es sich auf Dauer wird leisten können, gerade in den medial immer unübersichtlicher werdenden Öffentlichkeiten auf eine solche erkennbare Organisation auf der Makroebene zu verzichten. Fehlt eine solche Größe, und sei es auch nur im Sinn der symbolhaften Vertretung der landeskirchlichen Einzelinteressen, können zentrale politische Entscheidungen unter Umständen sehr schnell ohne markanten kirchlichen Einfluss durchgesetzt werden. Jedenfalls sollte man eine solche übergeordnete kirchliche Orientierungs- und Steuerungsgröße nicht sogleich automatisch in die Nähe eines römischen Zentralismus rücken, sondern vielmehr die Chancen einer solchen deutlich erkennbaren protestantischen Artikulationskraft in den Blick nehmen.

Die möglichen, besser gesagt: die notwendigen Einzelaktivitäten auf der kirchlichen Makroebene können sich nun in unterschiedlicher Weise entfalten:

Diese umfassen im Sinn der *Orientierung* die *Herstellung und Gewährleistung* einer medialen Öffentlichkeit, die in ihrer Ausstrahlung und Prägnanz dem politischen Aktionsbereich selbst möglichst gut entspricht. Die Chance auf eine breite öffentliche Aufmerksamkeit ist jedenfalls dann am größten, wenn Kirche als politisch relevante Artikulationsgröße in Erscheinung tritt und dies dergestalt, dass sie als öffentlich einflussreiche *pressure group* in den jeweiligen politischen und parlamentarischen Beratungs- und Entscheidungsbereichen, aber auch an den medial bedeutsamen Diskursorten auftritt und präsent ist.

Dimension einer öffentlichen Theologie inzwischen in den globalen Religionsdiskursen selbst auch als eine möglicherweise hilfreiche Orientierungsgröße diskutiert, vgl. *Bertelsmann-Stiftung*, Wir brauchen eine öffentliche Theologie.

Dies verbindet sich natürlich immer auch mit bestimmten symbolhaften Akten und dem konkreten Erscheinungsbild besonderer Repräsentantinnen und Repräsentanten auf der Ebene eines national verorteten Protestantismus – im Übrigen ist das Faktum dieser Ebene in sich schon ein wichtiger Grund, um auch weiterhin von einer volkskirchlichen Grundsignatur bestehenden Kircheseins in der deutschen und schweizerischen Gesellschaft zu sprechen.

Für eine solche protestantische Vermittlungsaufgabe ist es nun aber gerade charakteristisch, dass sie sich entscheidend weder primär in einzelnen Personen noch in bestimmten lehramtlichen Erklärungen manifestieren kann. Dass mediale Interessen hier eine andere Richtung vorgeben, darf nicht dazu verführen, ein Erscheinungsbild vielfältiger Zuständigkeiten und Meinungsäußerungen aufzugeben. Von einer Gesellschaft, der man zivilgesellschaftliche Potentiale zutraut, darf auch die Kompetenz zur Einsicht, dass komplexere Verhältnisse vorliegen, erwartet werden.

Entscheidend für eine solche gelingende Orientierungs-, Ermöglichungs- und Koordinationsfunktion ist nun aber tatsächlich auch die Entwicklung eines je überzeugenden inhaltlichen Programms. Angesichts der anfangs angesprochenen gegenwärtigen gesellschaftlichen und ökonomischen Problemstellungen sind vermutlich die Grundlinien einer solchen inhaltsbezogenen Artikulation sehr deutlich, mindestens was die faktischen Exklusionen und Ungerechtigkeitsdynamiken durch die gegebenen strukturellen Rahmenbedingungen angeht, was selbst durch ein verantwortliches Leitungs- und Entscheidungshandeln der politischen und ökonomischen Eliten in seinen Auswirkungen kaum effektiv verändert werden kann. Hier ist insbesondere von kirchlicher Seite aus auch der faktische Machtcharakter politischer Mechanismen und Entscheidungen sehr illusionsfrei in den Blick zu nehmen.

Als jüngstes und gleichwohl besonders notwendiges Feld gesamtkirchlicher Artikulation müssen die gegenwärtigen Tendenzen hin zu einem neu salon- und gesellschaftsfähig werdenden rechtsnationalistischen und rechtsextremistischen Denken samt der damit verbundenen Gewaltpraxis gelten. Gegenüber solchen Phänomenen, die allerdings auch viel weiterreichende Ausgrenzungsstrategien gegenüber gesellschaftlichen Minderheiten umfassen, ist das klare und eindeutige Zeugnis der evangelischen Kirche unbedingt notwendig. Dass sich die protestantische Kirche hierzu gegenwärtig unmissverständlich äußerst und sogar davon spricht, dass in der Auseinandersetzung mit dem neuen Rechtsextremismus «Widerspruch und Widerstand der evangelischen Kirche»[134] notwendig ist, und seit 2009 auch eine «Bundesarbeits-

---

134 Vgl. *Schneider*, Das Eintreten gegen das Wiedererstarken von Rechtsextremismus und Antisemitismus als Aufgabe der christlichen Kirchen.

gemeinschaft Kirche und Rechtsextremismus» besteht, ist uneingeschränkt zu begrüßen.

Von ebenfalls bedeutsamer politischer Konsequenz ist die vom SEK bereits im Jahr 2000 angestoßene, aber gegenwärtig stockende Diskussion zur Schaffung eines eigenen Religionsartikels in der schweizerischen Bundesverfassung. Dadurch würden erstmals auf Bundesebene die Grundsätze des Verhältnisses zwischen dem Staat und den Religionsgemeinschaften festgehalten, religiöse Toleranz und Anerkennung der Religionsgemeinschaften verlässlicher gewährleistet sowie die Religionsgemeinschaften selbst zu Toleranz und zur Beachtung der Grundwerte verpflichtet werden können. In der kirchenbundlichen Initiierung einer solchen Debatte zeigt sich zugleich die Bereitschaft, um einer interreligiösen Verständigung willen deutlich über die eigenen konfessionellen Interessen hinausschauen zu wollen.[135]

Aber auch im Fall anderer gesellschaftspolitischer und öffentlicher Debatten muss auf dieser Makroebene nach dem möglichen und notwendigen theologischen Beitrag zur deutlichen Positionierung gefragt und so ernsthaft wie möglich gesucht werden. Entscheidendes Leitkriterium für eine solche Artikulation kann dabei gerade im Anschluss an die Orientierungen der *public theology* die Frage nach der elementaren Berücksichtigung der Schwachen sein. Insofern ist die Meinung nicht unproblematisch, dass man die Kirchen, falls sich deren «nichtöffentliche Vernunft in die öffentlichen Debatten wagt», «aus demokratietheoretischen Gründen ‹zur Raison›» rufen und dazu auffordern müsse, «in der öffentlichen Argumentation die [...] partikularen Anteile zurückzustellen und allein die öffentliche Vernunft in Anspruch zu nehmen».[136] Es ist nun zwar konsequent und richtig, dass der weltanschaulich neutrale Staat Propheten und «religiösen Texten mit Achtung entgegentreten, ihnen als solchen aber keine Legitimationskraft einräumen darf»[137]. Gleichwohl gilt es für die politischen Akteure, gerade dieses Prinzip der Achtung tatsächlich auch aktiv auszuüben und es nicht einfach bei bestenfalls einer freundlich-höflichen Kenntnisnahme kirchlicher Stellungnahmen zu belassen und damit wiederum das eigene politische Handeln letztlich fernab alternativer Artikulationen und Interventionen zu gestalten.

---

135 Vgl. *Friedrich u. a.*, Bundesstaat und Religionsgemeinschaften.
136 So *Höffe* in Aufnahme des Rawls'schen «public-reason»-Gedankens, Ist die Demokratie zukunftsfähig?, 296. Zur Frage der besonderen Legitimation öffentlicher Äußerungen von religiöser Seite aus im religionsneutralen Staat, vgl. zum Zusammenhang auch *Grotefeld*, Religiöse Überzeugungen im liberalen Staat.
137 *Höffe*, Ist die Demokratie zukunftsfähig?, 162.

Dabei kann und sollte im Einzelfall kirchlicher Meinungsbildungsbeteiligung auf politische Konsensbildung gezielt werden, um so der in vielen Fällen gegebenen Komplexität der Verhältnisse tatsächlich Rechnung zu tragen. Dies darf allerdings nicht mit lauer Kompromisshaftigkeit verwechselt werden. Eine solche erkennbare kirchliche Makroebene sollte gerade auch für die aktuellen schweizerischen Kirchen stärker in das Bewusstsein kommen, insbesondere dann, wenn sich politische Entwicklungen eben auch hier immer stärker auf nationaler und globaler Ebene abspielen. Eine solche Wachsamkeits- und Artikulationsfähigkeit stellt die eigentliche Verantwortungsdimension überregionaler Kirchenleitung im Sinn einer Institution der Freiheit dar. Hier ist natürlich daran zu erinnern, dass die besondere reformierte Tradition des Wächteramtes bis hin zur ethischen Erlaubnis zum Widerstand gegen staatliches Unrecht «historisch erst recht ein wesentlicher Anstoß zu einer demokratischen Gestaltung des Lebens war»[138].

Dabei muss sich die Kirche allerdings grundsätzlich davor hüten, «sich in der Gesellschaftskritik zu erschöpfen und das der Kirche zweifellos gegebene prophetische Amt mit der Aufgabe rationaler Reflexion zu verwechseln».[139]

Für eine inhaltsbezogene Orientierungsfunktion braucht es aber nun auch konkrete Vermittlungsmedien: Diese können und sollten von der aktuellen Pressemitteilung über die Veröffentlichung von Denkschriften und öffentlichen Verlautbarungen bis hin zu symbolhaften öffentlichen Aktionen reichen – die sogenannte Woche der Brüderlichkeit ist hier nur eines von vielen möglichen Angeboten. Aber auch die anstehenden Reformationsjubiläen in den reformatorischen Kirchen sollten hier deutlich die Gegenwart gestaltende Kraft des Protestantismus zeigen und können sich kaum in historischen Reminiszenzen ergehen. Dabei sollten sich diese Orientierungsleistungen in doppelter Hinsicht durch ihren Freiheitscharakter auszeichnen – zum einen nach innen im Sinn eines freien Angebots zur individuellen Orientierung, zum anderen gegenüber Politik und Öffentlichkeit gerade durch den freien und auch mutigen Geist, im notwendigen Fall auch unabhängig von politisch-strategischen Überlegungen und Konzessionen Problemlagen zu benennen. Ein Problem wäre es jedenfalls, wenn sich Kirche nur mehr bestenfalls als gesellschaftliche Teilöffentlichkeit verstünde, nicht aber immer wieder auch den Charakter einer bewussten Gegenöffentlichkeit annähme bzw. sich diesen aus strategischen Erwägungen heraus eine deutliche Positionierung im Einzelfall nicht zutraute.

---

138 *Busch*, Reformiert, 207.
139 *Körtner*, Kirche, Demokratie und Zivilgesellschaft, 97.

Ein solches makroskopisch gefasstes Engagement bezieht die ökumenische Dimension der weltweiten Kirche mit ein; ein Engagement dem wiederum ein Begriff von Kirche zugrunde liegt, der mit ihrer Bestimmung als heilige, apostolische, und katholische Kirche jenseits territorialstaatlicher Voraussetzungen nationen- und kulturübergreifend ausgerichtet ist. Dies wird beispielhaft in den Formulierungen der Zürcher Kirchenordnung deutlich, die diese Verortung bewusst mit dem reformierten Erbe verbinden.[140] Aus dieser Grundlegung einer an der grenzenlosen Botschaft Jesu Christi ausgerichteten Orientierung ist eine global ausgerichtete öffentliche Verantwortung der Kirche abzuleiten, die sich, je und je neu zu bestimmen, in den globalen zivilgesellschaftlichen Diskurs einbringen kann und soll. So zeigt sich hier ein Verständnis von Kirche als global wachsamer und wahrnehmbarer intermediärer Institution mit nationenübergreifender ökumenischer Identität. Eine solche Dimension schließt natürlich gerade nicht aus, die profilierte Orientierungsfunktion der eigenen Konfessionalität immer wieder mitzubetonen und entsprechend öffentlich zu kommunizieren.

3.2 Mesoebene – Öffentlichkeitsdimensionen der Landeskirchen

Eine Betrachtung der Mesoebene legt sich nicht nur aus räumlichen Gründen nahe, sondern weil diese aufgrund der historischen Entwicklungen der protestantischen Kirche eine wesentliche Bezugs- und Entscheidungsebene für kirchliches Handeln darstellt. Konkrete Gestalt gewinnt öffentliche Kirche hier auf der Ebene landeskirchlicher Gesetzgebungs-, Entscheidungs- und Ausführungsmacht in Gestalt von Kirchenleitungen und Synoden, der entsprechenden Verwaltungs-, Finanz- und Rechtseinheiten bis hin zur Ebene regionaler Kirchenbezirke bzw. -kreise und Sprengel, deren Synoden und der mittleren kirchlichen Verantwortungs- und Führungsebene etwa in Gestalt von Prälaturen und Dekanaten, aber auch landeskirchlicher Werke und Einrichtungen und deren entsprechendem Personal.

Auch hier kann von intermediären und öffentlichkeitswirksamen Orientierungs-, Ermöglichungs- und Koordinationsaufgaben gesprochen werden, wobei die Steuerungs- und Leitungsfunktionen im Blick auf eine öffentliche

---

140 «Die Landeskirche bekennt das Evangelium mit der christlichen Kirche aller Zeiten. Sie ist im Sinne des altchristlichen Glaubensbekenntnisses Teil der einen, heiligen, katholischen und apostolischen Kirche. Sie ist in diesem ökumenischen Horizont evangelische Kirche. Die Landeskirche gehört zur reformierten Kirchengemeinschaft. Sie bezeugt dies durch die Verbundenheit mit den altchristlichen und reformatorischen Bekenntnissen sowie durch den Bezug zu neueren reformierten und ökumenischen Bekenntnisschriften.», *Kirchenordnung* §3,2f.

Kirche in dieser föderalen und regionalen Hinsicht besonders gestaltungswirksam sind.

Der Abstraktheitsgrad des bisher beschriebenen zentralen kirchenleitenden Engagements ist insofern geringer, als nun auf dieser mittleren Ebene die gesellschaftlichen und politischen Problemlagen oftmals sehr konkrete Gestalt im eigenen regionalen Umfeld aufweisen und zugleich die Interaktionsebene deutlicher personale Formen annimmt. Man könnte sagen, dass die interagierenden Institutionen sowohl auf politischer wie in kirchlicher Hinsicht als zunehmend weniger anonyme und kaum beeinflussbare Steuerungsgrößen erscheinen. Dies macht zum einen die Einflussebene konkreter, kann aber im Einzelfall auch zu sehr viel stärkeren Konflikten gerade dann führen, wenn hier von kirchlicher Seite aus womöglich ganz konträre politische Positionen geäußert werden. Zudem rückt der imaginierte Steuerzahler, mit dem man es sich als Kirche im Fall einer bestimmten Positionierung verderben könnte, gleichsam bereits um einiges näher.

Andererseits eröffnen sich in zivilgesellschaftlicher Hinsicht, nicht zuletzt durch die konkrete finanzielle Entscheidungshoheit, bereits sehr viel weitergehende Engagementmöglichkeiten von der Erzeugung medialer Öffentlichkeit bis hin zur Lobbyarbeit in den überschaubareren Entscheidungszirkeln regionalen Elitehandelns. Hier sind kontaktnahe Repräsentanz und Lobbyarbeit wie auch konkrete Begegnung vor Ort – jedenfalls prinzipiell – gut möglich.

So ist auf der Ebene landeskirchlicher Steuerung sowohl erhebliches Wissen über konkrete gesellschaftspolitische Problemlagen versammelt, wie auch innerkirchlich die Bereitschaft zum regionalen Handeln groß ist, sei es durch die Lancierung entsprechender erfolgreicher Projekte, sei es durch die finanzielle Unterstützung konkreter landeskirchenweiter Initiativen.

Auf dieser Ebene haben nun auch die überregionalen Bildungseinrichtungen und Akademien als dezidiert intermediäre dritte Orte eine wesentliche Informations-, Kommunikations- und Motivierungsfunktion gerade im Blick auf die Bearbeitung der gesellschaftspolitischen Herausforderungen.[141] Insofern gehen etwa bestimmte synodale Argumente, dass beispielsweise Evangelische Akademien in ihrer kirchlichen Verortung nicht erkennbar seien, gerade an einem notwendig weiten Begriff kirchlicher Öffentlichkeit der Sache nach entscheidend vorbei.

---

141 Vgl. zu den Akademien als spezifischer Form kirchlicher Öffentlichkeit und Agenturen kirchlicher Selbstmodernisierung jetzt *Mittmann*, Kirchliche Akademien in der Bundesrepublik, sowie zum Rückblick und als Vorausschau *Grubauer/Lenz* (Hg.), Protestantisch – Weltoffen – Streitbar.

Allerdings ergeben sich auf dieser mittleren Ebene kirchlichen Leitungs- und Entscheidungshandelns konkrete spezifische Herausforderungen: Angesichts der oftmals personell engen Verflechtungen zwischen Kirchenleitungen und den Akteuren auf politischer Ebene ist zu fragen, wie stark etwa Wege des strategischen Kompromisses beschritten werden sollen und dürfen.[142] Letztlich muss sich aber das politische Engagement immer daran ausrichten, was man aus Sicht der Betroffenen für die richtige und beste Lösung hält, und nicht daran, was aus Sicht der von politischen Diskussionen betroffenen politischen Akteure richtig erscheint.

Auf der Mesoebene kann übrigens das Problem der nicht mehr nachvollziehbaren Verrechtlichung entstehen – insofern sollten sich gerade die mittleren Leitungsstrukturen entscheidend als Ermöglichungs- und nicht als Verhinderungs- und Bremsinstanzen verstehen – und dabei immer auch signalisieren, dass sie den Mitgliedern und Gemeinden vor Ort das Bestmögliche zutrauen. Problematisch wären jedenfalls Formen einer zentral gesteuerten Überreglementierung, da dadurch gerade die Verantwortungsträger vor Ort mit ihren Kompetenzen und Potentialen nicht mehr ernst genommen würden.

Die Mesoebene könnte und sollte auch so etwas wie ein intermediärer Transmissionsriemen zwischen den unterschiedlichen überregionalen, regionalen und lokalen Ebenen sein. Möglicherweise ist dies die Ebene, die am stärksten und effektivsten auch einzelne Initiativen anstoßen und befördern kann, indem sie den Gemeinden Möglichkeiten aufzeigt, wie diese und ihre Mitglieder ihren Freiheitsspielraum eigenständig und verantwortlich wahrnehmen können.

Dafür, dass eine solche gesellschaftliche Perspektive fester Bestandteil des Erscheinungsbildes von öffentlicher Kirche werden kann, stellt die Visitation als institutionelle Form wechselseitiger Kommunikation ein geeignetes Instrument dar.[143] Durch sie erfolgt nicht nur die Sichtung des Bezirks- und Gemeindelebens in der ganzen volkskirchlichen Breite, sondern von ihr aus ergeben sich dann auch Perspektiven für die Strukturierung und Zielklärung

---

142 Zu erinnern ist hier daran, dass nicht nur auf der nationalen Ebene Vertreter der Kirchen im parlamentarischen und parteipolitischen Betrieb installiert sind, sondern auch eine Reihe von Landeskirchen über eigene Beauftragte verfügt, die dezidiert die Kontakte mit Landesregierungen und den politischen Akteuren pflegen sollen. Darüber hinaus könnten für die deutsche Situation eine Vielzahl von institutionellen Verflechtungen zwischen öffentlicher und kirchlicher Handlungsebene benannt werden, man denke hier nur an die Vertretungen in Fernseh- und Rundfunkräten. Allerdings sind umgekehrt auch politische Akteure häufig in kirchlichen Gremien und Kuratorien vertreten, so dass diese Verflechtung durchaus von beiden Seiten her intensiv weitergepflegt wird.

143 Vgl. *Peters*, Art. Visitation, 151.

der Arbeit in Kirchengemeinde und Kirchenbezirk sowie Möglichkeiten der Erneuerung und zugleich *vice versa* wesentliche Informationen für die Kirchenleitungsebene und damit für deren zukünftiges strategisches Handeln.

In diesem Sinn von Visitation als einem offenen und partizipatorischen Kommunikationsprozess verschränken sich hier nicht nur Kirchen- und Gemeindeleitung, sondern eben auch die mittleren und kleineren öffentlichen Verantwortungs- und Gestaltungsebenen.

Man muss sich angesichts der schweizerisch-reformierten Sensibilität für Status- und Hierarchiebehauptungen dabei fragen, welche grundsätzliche Bedeutung eine solche Kommunikationsform, die ja in jedem Fall ein relativ starkes Dekansamt bedingt, haben kann. Auch wenn im reformierten Zusammenhang dieses Instrument der Visitation bisher nicht fest etabliert ist, könnte sie die Kommunikation zwischen den unterschiedlichen kirchlichen Ebenen gerade in Hinblick auf die öffentliche Verantwortung kirchlichen Handelns entscheidend inspirieren.

Eine stärker steuernde Rolle dieser mittleren Ebene scheint auch unter den Bedingungen hoher Gemeindeautonomie deshalb als sinnvoll, weil damit das Profil einer öffentlichen Kirche größere Aussicht auf Erkennbarkeit und Verbindlichkeit erlangen kann und zudem die theologischen und personellen Ressourcen unter Umständen besser gebündelt werden können.

Diese mittlere Ebene könnte somit seismographische Bedeutung für die Wahrnehmung sowohl der lokalen wie der regionalen kirchlichen und gesellschaftlichen Verhältnisse vor Ort haben. Gerade von dort aus kann es möglich werden, gleichsam eine reformierte *corporate identity* öffentlicher Kirche ins Spiel zu bringen und die Gemeinden vor Ort dafür zu sensibilisieren, dass sie nicht nur sich selbst, sondern die evangelische Kirche in einem sehr viel weiteren Sinn repräsentieren und ihr Freiheitshandeln vor Ort immer in diesen weiter reichenden Zusammenhang eingebunden sowie von daher zu verantworten ist. Vermutlich können gerade theologisch kompetente VisitatorInnen deutlich machen, dass pastorale Existenz es nicht primär mit einer «Freiheit von etwas», sondern mit einer «Freiheit zu etwas» zu tun hat. Eine Chance auf Gehör und damit auch auf öffentliche Plausibilität hat eine institutionalisierte Visitation jedenfalls nur dann, wenn sie vom Aspekt des kollegialen, praxis- bzw. erfahrungsbezogenen und theologisch kompetenten Austausches her profiliert wird.

Die einzige Plausibilität für die Steuerungskompetenz der mittleren Ebene und letztlich auch für ein starkes bischöfliches, dekanatliches oder auch kirchenpräsidentielles Amt und dessen einzige Macht bestehen jedenfalls dauerhaft nur in dessen theologischer, sachgemäßer und persönlicher Überzeugungskraft.

3.3 Mikroebene – Öffentlichkeitsdimensionen der lokalen Kirchengemeinde

Auf der Ebene lokaler Kirchengemeinden bzw. der kirchlichen Ortsgemeinden manifestiert sich nach reformatorischem Verständnis die tiefe Bedeutung individueller Glaubensfreiheit und Glaubenspraxis in besonderer Weise: «Der Ort, an dem um die Einheit der Kirche gerungen und diese bewahrt wird, ist zunächst die einzelne Ortsgemeinde. Diese partikulare Gemeinde gilt im Vollsinn als Kirche.»[144] Auf dieser Mikroebene geht es darum, Akteuren im kirchlichen und zivilgesellschaftlichen Nahraum Freiheit zu eröffnen und zugleich auch Verantwortung zuzumuten – und zwar sowohl hinsichtlich der Beteiligung an lokalen kirchlichen wie an politischen Belangen. Was dies im Einzelnen bedeutet, soll im Abschnitt praktisch-theologischer Konkretionen ausführlicher deutlich werden.

Schon an dieser Stelle sind aber mindestens zwei problematische Tendenzen zu bedenken: Nicht unproblematisch ist die Auffassung, dass es im Wesentlichen und gar ausschließlich diese lokale Ebene sein könnte und sollte, die für das zukünftige Erscheinungsbild von Kirche maßgeblich verantwortlich zeichnet. Hier liefert insbesondere ein bestimmtes reformiertes Selbstverständnis von praktisch uneingeschränkter Gemeindeautonomie manche Bremseffekte, wenn es um die übergemeindliche Artikulation und Zusammenarbeit gerade auch in gesellschaftspolitischen Fragen geht.[145]

Zum andern ist gegenwärtig geradezu ein «Hype» kleiner Gemeinschaften zu konstatieren, insofern diese sich angeblich in besonderer Weise durch Dynamik und Transparenz, Nähe und Authentizität, Verlässlichkeit und Familiarität auszeichneten.[146] Ein solches, auf den ersten Blick verheißungsvolles und geradezu «warmes», Modell hat den problematischen Nebeneffekt, dass Freiheitsgarantien für die Mitglieder zugunsten eines verlässlichen Gemeinschaftsangebots in den Hintergrund gedrängt werden könnten. Es ist offenkundig, dass viele gemeindliche Neuprofilierungen letztlich den Zweck neuer exklusiver Gruppenbildungen gerade auch in Absetzung von der Institution Kirche beinhalten, wobei solchen Intentionen zugegebenermaßen ein vor Ort wenig lebendiges gemeindliches Erscheinungsbild allerdings auch zugutekommt. Die vermeintlich jugendliche Dynamik, die sich hier oftmals als bewusste Alternative zur traditionellen Institution positioniert und inszeniert, ist jedenfalls im Einzelfall, selbst wenn sie zahlenmäßig gewisse Erfolge vorzuweisen hat, theologisch so kritisch wie möglich auf ihre expliziten

---

144 *Freudenberg*, Reformierte Theologie, 255.
145 Zum reformierten Gemeindeverständnis und seinen Herausforderungen und Konsequenzen für Gemeindeentwicklung vgl. *Hänni/Marti*, Kirchgemeinde, v. a. 13–25.
146 Vgl. *Stollberg*, Geist und Gemeinde.

und impliziten Gesetzlichkeiten hin zu befragen. Das immer wieder vorgebrachte Argument jedenfalls, dass sich in diesen Gemeinschaften wenigstens etwas bewege, was man dann an der entsprechenden Anzahl von Besuchern oder der besonderen Lebendigkeit der Veranstaltungen festmacht, ist ekklesiologisch gesprochen bestenfalls von marginaler Qualität.

Die Hoffnung auf eine Selbstgenügsamkeit bestimmter Kleinstrukturen und Gemeinschaften – gar ein Gegeneinanderausspielen von volkskirchlichem und missionarischem Gemeindeaufbau[147] – dürfte aber nun so problematisch wie illusorisch sein. Denn damit drohen nicht nur neue Exklusivitäten, sondern auch der Verlust von theologischen Standards und übergemeindlicher Erkennbarkeit dessen, was den spezifischen Charakter und die Tradition des reformatorischen Gemeinde- und Kirchenbegriffs ausmacht. Denn die Volkskirche ist der Sache nach mehr als nur Dienerin und Wegbereiterin der vermeintlich eigentlichen Ekklesia.[148]

Gerade deshalb aber stehen die Vertreter des klassischen Parochialmodells vor der unbedingten Herausforderung, die volkskirchlich offene Angebotsstruktur in einer möglichst attraktiven Richtung zu verbessern und auszubauen. Jedenfalls sollten zu allen Versuchen einer alternativen Gemeindebildung, die sich als bewusstes Gegenüber zur vermeintlich verknöcherten Institution verstehen und dies auch so kommunizieren, attraktive Gegenangebote entwickelt werden.

Dabei ist natürlich die Frage nach der Alternative klassischer Parochien, etwa in Gestalt neuer Profilgemeinden bzw. profilierter Gemeinden offen zu betrachten.[149] Dies schließt die Bedeutung und die Möglichkeiten von Hausgemeinden und Hausgemeinschaften keineswegs aus, auch diese können und sollten gleichsam im mikroskopischen Raum bestimmte Formen vermittelnder und annehmender Öffentlichkeit herstellen. Hier wird es aber zukünftig darum gehen, diese gerade nicht mehr nur einem bestimmten frömmigkeitsspezifischen Milieu zu überlassen, sondern nach vertrauenswürdigen Kleinstrukturen kirchlichen Handelns Ausschau zu halten.

Die Grundherausforderung besteht darin, gelingende Formen der Kommunikation zu ermöglichen, die nicht überwältigt, sondern die gerade von einer deutungsoffenen Interaktions- und Diskursqualität geprägt ist.

---

147 So die Unterscheidung bei *Möller*, Lehre vom Gemeindeaufbau. Bd. 1, 30ff und 70ff.
148 Vgl. *Kunz*, Kybernetik, 652.
149 Vgl. *Pohl-Patalong*, Von der Ortskirche zu kirchlichen Orten, sowie *dies.*, Gemeinde.

3.4 Kirchliche Interaktionsqualität

Mit der Rede von der *öffentlichen Kirche* verbindet sich immer die Frage nach der Qualität von Intermediarität: Denn nicht schon jede Intermediarität ist *per se* öffentlichkeitsbedeutsam. Manche der aktuellen Qualitätsdebatten scheinen nun entlang einer problematischen ökonomistischen Verengung ihren Sinn und ihre Bedeutung mehr oder weniger in sich selbst zu tragen – zumindest erwecken sie den Eindruck, sich im Wesentlichen um sich selbst zu drehen bzw. dass ein Großteil der planerischen Energie vor allem auf die Verbesserung der internen Strukturen und Abläufe verwendet wird. So stellt sich hinsichtlich der Vermittlungsformen die Frage nach der Qualität bzw. den Qualitätskriterien der kirchlichen Arbeit. Grundsätzlich ist festzuhalten:

Die Qualität kirchlichen Handelns bemisst sich von ihrer Grundbezogenheit auf den Tiefensinn ihres eigenen Auftrags her. Die Aufgabe liegt somit klar vor Augen: «Das Thema Qualität spiegelt den gegenwärtigen Modernisierungsdruck, denn es liegt präzis auf der Grenze zwischen etablierter und funktionierender Institution Kirche und zu erlernender und zu entwickelnder Organisationskompetenz dieser Institution Kirche.»[150]

Diese bereits zu Anfang angesprochene Differenzierung zwischen Institution und Organisation macht die Qualitätsbestimmung des kirchlichen Handelns in konkreten Lebensvollzügen möglich, ohne dabei die soteriologische Bestimmung und die ekklesiologische Differenzierung zwischen sichtbarer und unsichtbarer Kirche aufzugeben. Das Miteinander beider Dimensionen im Sinn des bereits erwähnten Hybrids ist folglich als ein dynamisches Gleichgewicht zu bestimmen, in dem sich die beiden Bestimmungsgrößen wechselseitig beeinflussen, aber nicht auseinandergerissen werden können.

Von dieser Unterscheidung her lässt sich dann auch die aktuelle Qualitätsdiskussion angemessen bestimmen und einordnen. Indem beide Dimensionen in der Diskussion auseinandergehalten werden, bietet sich für die Kirchengemeinden die Chance, im Rahmen des Schubes an Organisationswerdung zu mehr qualitätsbezogener Autonomie zu gelangen, ohne dabei ihre Grundverfasstheit als Institution infrage stellen zu müssen. Eine solche Differenzierung kann dann das angemessene Licht sowohl auf das kirchliche Selbstverständnis wie auch auf ihren öffentlichen Auftrag werfen: «Für die Kirche der Zukunft ist es unabdingbar, dass sie wieder zu einem eigenen theologischen Selbstverständnis findet, dass sie religiös sprachfähig ist und sich als Organisation nicht von den Zwängen ökonomischer Logik fremdbestimmen lässt.

---

150 *Gundlach*, Erste Ergebnissicherung, 40.

74

Die Kirche ist Teil der Gesellschaft und zugleich Gegenhorizont zu einer durchrationalisierten, leistungsorientierten Welt.»[151]

Von dieser Grundlegung aus ist die Frage kirchlicher Qualität vor dem Horizont gelingender Beziehungs- und Interaktionsqualität bzw. einer vielfältigen Begegnungskultur vor dem Horizont des Evangeliums zu fassen, was im Folgenden im Blick auf einzelne kirchliche Handlungsfelder durchgespielt werden soll.

---

151 *Karle*, Kirche im Reformstress, 259.

V. Konsequenzen für die kirchliche und gemeindliche Praxis

Die Ausdifferenzierung in eine Makro-, Meso- und Mikroebene kann gerade auch für die entsprechende kybernetische Theoriebildung sowie die unterschiedlichen praktisch-theologischen Handlungsfelder relevant werden. Dabei wird im Folgenden vor allem die mikroskopische Ebene in den Blick genommen, um damit die Frage einer öffentlichen Kirche ganz konkret auf den Bereich der Gemeindearbeit vor Ort zu beziehen, wobei die zivilgesellschaftlichen und globalen Herausforderungen natürlich als Hintergrundherausforderung mit im Blick bleiben.

D. h., dass im Folgenden die Praxisfelder der Bildung und der Diakonie, des Pfarrberufs sowie der Gemeindeentwicklung und des freiwilligen Engagements insbesondere von dieser kirchentheoretischen Grundlegung aus beleuchtet werden sollen – und dies unter Aufnahme der theologischen Leitperspektiven wie auch des Aspekts der Intermediarität und zugleich in der Querschnittsperspektive kirchlicher Praxis als Kommunikation im Sinn von öffentlicher Artikulation, Interpretation und Interaktion.[152]

1. Öffentliche Bildung

«Die christlichen Kirchen hätten unruhig werden müssen in den vergangenen Monaten – unruhig angesichts der Debatte um Sozialleistungen und Atomlaufzeiten, vor allem aber angesichts der Islam- und Integrationsdebatte in Deutschland. [...] Das Markenzeichen der Christen sollte das unruhige Herz sein – wenn sie erst einmal für Ruhe im eigenen Laden sorgen müssen, statt der Welt die Botschaft des Evangeliums zu bringen, haben sie ein Identitätsproblem.»[153]

In diesen säkularen und gleichwohl beinahe predigtförmigen Ermahnungen des Kirchenredakteurs der Süddeutschen Zeitung wird mehr als nur eine einzige Problemanzeige laut. Unüberhörbar beklagt der Autor den Mangel an politischer Sensibilität, Artikulationsfähigkeit und Verantwortungsübernahme der beiden Großkirchen und ihrer Mitglieder, die sich inmitten politischer Grundsatzdebatten vornehm zurückhalten, weil sie vornehmlich mit sich selbst beschäftigt sind.

---

152 Vgl. *Hermelink*, Kirchliche Organisation und das Jenseits des Glaubens.
153 *Drobinski*, Der Kirche fehlt Unruhe.

Aus religionspädagogischer Perspektive ist eine solche Problemanzeige als erhebliche Herausforderung für die kirchliche öffentliche Bildungspraxis auf allen genannten Ebenen kirchlicher Verantwortung zu begreifen. Die öffentliche Wahrnehmung mangelnder kirchlicher Unruhe sollte eine kirchentheoretisch sensible religiöse Bildung zur ernsthaften Selbstbefragung über ihre Demokratieförderlichkeit motivieren und in einen Klärungsprozess darüber eintreten lassen, worin ihr spezifischer Beitrag bestehen kann, damit solche säkularen Klagen zukünftig deutlich weniger vehement ausfallen.

Geht man von der Kirche als intermediärer Bildungsinstitution aus, so muss sich dies in einer profilierten subjektorientierten und zugleich gesellschaftspolitisch relevanten Praxis manifestieren. Gerade auf dem Feld der christlichen Bildung können die theologischen Leitperspektiven christlicher Freiheit, Verantwortung und Hoffnung in eindrücklicher Weise offenkundig werden und sich mit den rechtlichen und gesellschaftlichen Deutungsangeboten in konstruktiver Weise verbinden.[154] Es geht hier somit um die Herausforderung, christliche Sozialisation als Kommunikation und theologische Kommunikation als Sozialisation zu konzipieren.

Ohne den weiten und intensiven Blick auf den Horizont des Politischen ist evangelische Bildung grundsätzlich nicht lebensdienlich und in gesellschaftlichen, kirchlichen sowie universitären Diskursen kaum plausibel.[155] Angesichts der gegenwärtigen gesellschaftlichen, politischen und religiösen Herausforderungen erscheint es folglich an der Zeit, die politische Dimension der Religionspädagogik in Theoriebildung und Praxis nochmals neu zu überdenken und ins Licht zu rücken.[156]

Allerdings sind gegenüber den Antwortversuchen der späten 1960er und der 1970er Jahre mit ihren deutlichen Politisierungstendenzen erhebliche Differenzierungsleistungen notwendig. So darf sich eine evangelische Bildungstheorie und -praxis gerade vor dem Horizont einer interdisziplinär aufmerksamen *public theology* nicht von bestimmten gesellschaftspolitischen Vorannahmen her für eine von vornherein einseitige Form der Gesellschaftsanalyse vereinnahmen lassen. Vielmehr sind die faktischen Komplexitäten des Politischen als konstitutive Faktoren von Beginn an im Modus einer gesellschaftsanalytischen Ehrlichkeit[157] in die religionspädagogische Reflexions-

---

154 Vgl. *Schweitzer*, Menschenwürde und evangelische Bildung.

155 Vgl. zum Ganzen ausführlicher *Schlag*, Horizonte demokratischer Bildung.

156 Hier deutet sich in jüngster Zeit eine gewisse erhöhte Aufmerksamkeit für interdisziplinäre Fragestellungen und Perspektiven von Religionspädagogik und Politikdidaktik an, vgl. dazu *Grümme*, Religionsunterricht und Politik, sowie *Frech/Juchler* (Hg.), Dialoge wagen.

157 Vgl. *Welker*, Zukunftsaufgaben Politischer Theologie, 87.

aufgabe zu integrieren, indem die gesellschaftlichen Ausdifferenzierungsprozesse ihrerseits zu differenzsensiblen Bildungsprogrammen ausgearbeitet werden.[158]

So kommt es für eine zukunftsfähige religiöse Bildung entscheidend darauf an, ihre eigene Lebensdienlichkeit für Lebensführungsfragen so plausibel wie möglich zu machen und dafür die politische Perspektive als *eine mögliche* und zugleich *unverzichtbare, aber nicht als die exklusiv monopolhafte* Orientierungsgröße zu thematisieren. Insofern wird sich auch eine öffentliche evangelische Bildung nur dann als plausibel erweisen, wenn sich ihre eigene spezifische Perspektive auf Fragen des Politischen als diskursfähige und in eben diesem Sinn als unverzichtbar-nützliche Bestimmungsgröße für die individuelle und gemeinschaftliche Lebensführung erweist.

Notwendig ist dafür ein Differenzbewusstsein hinsichtlich «der Politik» und «des Politischen» in dem Sinn, dass das Politische über den institutionellen Charakter der Politik hinaus eine grundlegende Dimension menschlicher Existenz und «der menschlichen Selbsterfahrung»[159] kennzeichnet. Religiöse Bildung, die Fragen individueller Existenz und Erfahrung thematisiert, steht damit immer vor der Aufgabe einer Deutung dieses politischen Seins. In diesem Sinn *zeigt* sich evangelische Bildungspraxis im Kontext *öffentlicher Kirche* als eine «politiksensible Kulturhermeneutik»[160].

Nun besteht ja die Gefahr, dass eine evangelische Bildungstheorie bei solchem Selbstverständnis am Ende lediglich zu einer parallelen Beschreibungsinstanz des Politischen würde. Die genuine Leistung religiöser Bildung kann aber wohl kaum darin bestehen, relevante politische Meinungen und Haltungen einfach zu rezipieren, indem diese in Bildungsprozessen ungefiltert repetiert werden. Im Blick auf das Politische besteht die erste Aufgabe somit darin, Erfahrungen und Zusammenhänge von individueller Existenz und Politischem überhaupt einmal näher miteinander zu vermitteln – hier zeigt sich die spezifisch bildungsorientierte Aufgabe von Kirche als intermediärer Institution.

Religiöse Bildung steht vor der Kernaufgabe, durch ihre Deutungspraxis des Lebens eben jene Leitperspektiven als Orientierungsimpulse mit einzubringen, die vermeintlich im Jenseits des Politischen liegen[161], wodurch aber in Wirklichkeit überhaupt erst die Überschreitung des ausschließlich Politi-

---

158 Vgl. etwa die fächerübergreifenden Standards für eine Werte-Bildung in *Mokrosch/Regenbogen* (Hg.), Werte-Erziehung und Schule.

159 *Gerhardt*, Partizipation, 11.

160 *Sander*, Von der «Vergegnung», 154.

161 Vgl. *Lämmermann*, Religionspädagogik zwischen politischer und ästhetischer Signatur, 367.

schen möglich wird. So wirft jeder politische Diskurs notwendigerweise immer auch die Frage danach auf, was jetzt und zukünftig aus christlicher Perspektive als menschengemäß gelten kann. Religiöse Bildung steht deshalb vor der Herausforderung, religiösen Glaubenspraktiken und -inhalten nicht einfach einen politischen Sinn zuzuschreiben, sondern deren politisch bedeutsamen Tiefensinn zu erschließen und vor diesem Horizont Freiheits- und Verantwortungsspielräume zu eröffnen sowie Hoffnungspotentiale zu kommunizieren.

Aus diesem Grund beginnt jede, zum zivilgesellschaftlichen Handeln ermutigende christliche Freiheitsbildung mit dem Zuspruch der von Gott her zugesprochenen Zusage. Nur wenn jedem einzelnen Bildungssubjekt diese unbedingte Zusage deutlich gemacht werden kann, ist zu erhoffen, dass sich daraus in aller Freiheit eine zivile, zivilisierte und zivilisierende eigene Urteils- und Handlungspraxis ergibt. Im Blick auf die dafür notwendigen Kommunikationsbedingungen muss diese Freiheit nicht nur in ihrer theoretischen Bedeutung erläutert, sondern auch in öffentlicher Artikulation und realer Interaktion manifest werden.

Will evangelische Bildung zum Verantwortungsbewusstsein beitragen, steht sie vor der Aufgabe, Erfahrungen gelingender Verantwortung zu ermöglichen. «Verantwortung unterstellt die Fähigkeit, sich im Forum einer öffentlichen Kommunikation zu korrigieren, zu lernen, die eigene Identität nur als eine sich bildende offene Identität zu haben.»[162]

Vor dem Hintergrund des öffentlichen kirchlichen Auftrags in zivilgesellschaftlicher Perspektive bedeutet dies, durch die eigenen Bildungsangebote den Auf- und Ausbau von Gemeinschaften zu ermöglichen, in denen mit Formen möglicher Verantwortung experimentiert werden kann. Denn Verantwortung muss sich im Vorhandensein *realer* Verantwortungsübernahme und der dafür geeigneten Gemeinschaftsformen manifestieren, etwa in einer «vom Geist der Neuschöpfung bestimmte[n] Kirche» mit einem geistlichen Recht, «das durch Freiheit, Liebe und Gleichheit in ihrer wechselseitigen Bezogenheit bestimmt ist».[163]

Im Sinn des Überwältigungsverbotes vermeidet eine solche zivilgesellschaftlich ausgerichtete Bildung eine theologische Indoktrination, wenn sie Lernende zum eigenständigen Umgang mit den präsentierten Inhalten und Deutungen sowie deren selbstständiger Beurteilung motiviert. Im Sinn des Kontroversgebotes ist diese Bildung grundsätzlich kontrovers- und ergebnisoffen anzulegen. Dies korrespondiert mit der christlichen Überzeugung

---

162 *Rendtorff*, Ethik, 95.
163 *Huber*, Gerechtigkeit und Recht, 136f.

menschlicher Erkenntnisgrenzen im Blick auf ein vermeintlich eindeutig gutes oder wahres verantwortliches Handeln. Im Sinn des *Operationalisierungsgebotes* sind experimentelle Zugänge zu einer solchen zivilgesellschaftlich mitgestaltenden Bildung zu schaffen.

Schließlich geht es darum, wie Hoffnung als theologische Grunddimension *öffentlicher Kirche* in den je zivilgesellschaftlichen Zusammenhängen vor Ort zur Sprache gebracht werden kann. Auch hier gilt wiederum unter dem Aspekt von konkreten Erfahrungen, dass evangelische Bildungspraxis sinnvollerweise mit der Eröffnung von konkreten Hoffnungserfahrungen beginnt. Dies bedeutet, ganz «profan», die Sichtbarmachung von realen Hoffnungsmomenten und Hoffnungsgemeinschaften, durch die die Bedeutsamkeit dieser christlichen Zukunftszuversicht subjektiv miterlebt und erfahren werden kann.

Folglich steht eine evangelische Bildungspraxis in dieser öffentlich-intermediären Perspektive im Horizont von Hoffnung vor der Aufgabe, den Erwerb kommunikationsoffener und handlungsorientierter Kompetenz befördern. Durch eine solche Kommunikation als Interpretation der göttlichen Zukunftszusage sowie als Interaktion wird alltägliche Zukunftshoffnung in ihrer eschatologischen Dimension thematisierbar und auf ihre öffentliche Dimension hin transparent. Denn jedes echte Gespräch zwischen Personen wie auch zwischen Person und Text bringt gegenseitige Veränderung hervor,[164] jede Interpretationsgemeinschaft zeigt auf ihre je eigene Weise, wie Hoffnung manifest werden kann, eine «Hoffnung, die auf die Hoffnung selbst setzt»[165]. Hoffnungs-Bildung ist folglich als ein *kommunikatives Deutungsgeschehen* zu konzipieren, durch das die Zukunft Gottes antizipierend in die alltäglich-politische Gegenwart hinein gebracht wird und von der Verheißung des Neuen aus die menschliche Vernunft kreativ werden kann.[166]

In didaktischer Hinsicht erfordert dies die Eröffnung von wechselseitigen Erschließungsmöglichkeiten zwischen alltäglichen Lebenserfahrungen und Hoffnungsgeschichten, Ohnmachtserfahrungen und neuen Horizonten, tödlicher Bedrohung und neuer Lebenshoffnung. Durch kreative und partizipative Zugänge kann sich einerseits die «Bedeutungsfülle christlicher Symbole» vergrößern, andererseits können Symbole, wenn sie anschaulich zum Leben erweckt werden, «neue Hoffnungen und Erwartungen entbinden».[167]

---

164 Vgl. *Tracy*, Theologie als Gespräch, 135.
165 Ebd., 160f.
166 Vgl. *Biehl*, Zukunft und Hoffnung in religionspädagogischer Perspektive, 133.
167 Ebd., 149.

Die grundlegende Bildungsaufgabe besteht darin, dass Menschen die ihnen in ihrer Lebensführung und «im Sozialisationsprozeß enteigneten Möglichkeiten durch Hoffnungssprache wieder zugespielt werden»[168] und so durch die «transformatorische Kraft poetischer und religiöser (Hoffnungs-)Sprache und durch gelebte Alternativen der Kreislauf der Aussichtslosigkeit durchbrochen und Neues erfahren werden kann».[169] Was für den *just-community*-Gedanken im Blick auf Demokratie gilt, heißt theologisch-ethisch: Hoffnung wird durch die Praxis der Hoffnung erfahren, zur Sprache gebracht und gerade auf diese Weise zum unverzichtbaren Bestandteil individueller und gemeinschaftlicher evangelischer Identität.

Wo und wenn evangelische Bildungspraxis Räume und Zeiten politisch relevanten dialogischen Deutens und Experimentierens anbietet, kann Hoffnung in den Einstellungen und Haltungen Einzelner sowie für die anderen Akteure der Zivilgesellschaft deutlich werden. In diesem Sinn kann evangelische Bildung im Licht der christlichen Hoffnung Befreiungserfahrungen ermöglichen, die ihrerseits für politische Zusammenhänge die befreiende Kraft dieser Hoffnung verdeutlichen können. Im Blick auf die individuellen und gemeinschaftlichen Einstellungen zum Politischen gilt, dass die glaubende Hoffnung in Widerspruch versetzt[170], mobilisiert[171], provoziert und protestiert. Wenn sich hingegen «das Morgen» darauf reduziert, das Heute zu erhalten, hat die Hoffnung keinen Sinn.[172]

Problematisch wäre es allerdings, wenn dabei für die Zweideutigkeiten und Relativitäten der gesellschaftlichen und politischen Weltverhältnisse nur noch wenig Aufmerksamkeitsraum bliebe. Christliche bildsame Hoffnung ist somit einerseits auf den Zuspruch und Anspruch der kommenden Welt Gottes, andererseits auf die Realitäten der gegenwärtigen Welt bezogen.

Bildung aufmerksamer Mündigkeit beginnt dort, wo Menschen entdecken können, dass sie mit der Gestaltung ihrer Welt eigenständig experimentieren und diese dadurch verantwortlich mitgestalten können. Gelingende Bildungserfahrungen sind jedenfalls nur denkbar, wenn Bildungsprozesse von ihrer prinzipiellen Offenheit, Unverfügbarkeit[173] und Unabschließbarkeit aus ge-

---

168 Ebd., 143.
169 Ebd., 148.
170 Vgl. *Moltmann*, Theologie der Hoffnung, 14.
171 Vgl. ebd., 11.
172 Vgl. *Freire*, Erziehung und Hoffnung, 120.
173 In diesem Sinn handelt es sich hier bei «Unverfügbarkeit» um ein normatives Kriterium der religionspädagogischen Deutungsaufgabe, das gegenüber der Ausrichtung auf Kompetenzerwerb weder vorrangig noch nachrangig, sondern gerade gleichrangig mit den Prozessen des Kompetenzerwerbs ist, vgl. *Dressler*, Bildung – Religion – Kompetenz, 261.

dacht und profiliert werden – man kann auch sagen: wenn alle Hoffnung darauf gesetzt wird, dass sich mehr ereignen wird und mehr erinnert werden wird als realistischerweise zu erwarten ist.

2. Diakonisches Engagement

Auch auf dem Feld diakonischen Handelns – sei es nun in professioneller oder in ehrenamtlicher Ausrichtung – lassen sich die intermediären Möglichkeiten öffentlicher Kirche vor Ort näher bestimmen.

Nun zeigt sich hier in den brisanten Leitbilddebatten einzelner diakonischer Einrichtungen, dass die Frage christlicher Motive und der kirchlich-institutionellen Verankerung bei den diakonisch tätigen Akteuren ebenso in den Hintergrund gerückt ist wie das Bewusstsein, dass diesem Handeln immer auch eine eminent politische Bedeutung zukommt. Zwar wird immer wieder die zivilgesellschaftliche Dimension betont: Demnach müsse sich die Diakonie als verlängerter Arm der Kirche in die Gesellschaft hinein verstehen, womit ihre Rolle als zivilgesellschaftlicher Akteur und Förderer zivilgesellschaftlicher Werte, Haltungen und Potentiale»[174] notwendigerweise verbunden sei.

Allerdings ist offenkundig, dass sich unterhalb der höchsten diakonischen Leitungsebenen vor allem eine Art des pragmatischen Umgangs und auch Überlebens in den sozialstaatlichen (Miss-)Verhältnissen abspielt. Somit erscheinen Formulierungen wie die vom Diakonischen Werk der EKD ausgegebenen Leitsätze zum Wichern-Jahr 2008 einstweilen noch uneingelöst, wenn darin unter der Unterüberschrift «Wicherns Wege: Dem Engagement Aller Raum geben» proklamiert wird: «An Wichern erinnern heißt für uns heute: Diakonie engagiert sich zivilgesellschaftlich.»[175] Denn für viele diakonische Mitarbeiter sind ja nicht die weiterreichenden gesellschaftlichen und politischen Bezüge das entscheidende Motiv ihres Handelns, sondern der Einsatz gegen die konkrete Not einzelner Menschen im wahrnehmbaren Umfeld. Allerdings kann eine solche kompensatorisch ausgerichtete Zielsetzung faktisch dazu dienen, dass die bestehenden gesellschaftlichen Härten im Sinn der Anerkennung des Faktischen legitimiert oder mindestens doch stabilisiert werden.

Nun wird zwar durch diakonisches Handeln auf der Mikroebene Öffentlichkeit hergestellt, insofern auch diese Aktivitäten politisch nicht folgenlos

---

174 *Diakonisches Werk Bayern* (Hg.), Freiwilliges Engagement.
175 *Diakonisches Werk der EKD e.V.* (Hg.), Wichern-Jahr 2008.

sind. Gleichwohl stellt es aufgrund der oben gemachten Ausführungen eine unabdingbare Herausforderung dar, dass auch die diakonischen Akteure sich die weiterreichende, gleichsam meso- und makroskopisch relevante Bedeutung ihrer jeweiligen Tätigkeit vor Augen führen bzw. dass sie durch eine entsprechende Begleitung dafür sensibilisiert und dazu motiviert werden, diese öffentliche Bedeutung näher in den Blick zu nehmen.[176] So ist es notwendig, dass gerade freiwillig Engagierte ihr eigenes Handeln nicht nur als Kompensation bestehender gesellschaftlicher Härten erfahren und deuten, sondern sich der weiterreichenden Bedeutung und damit auch der politischen Signalfunktion ihres Handelns bewusst werden.[177] Dies kann beispielhaft verdeutlicht werden:

So sollten etwa Engagierte in einem «Tafelprojekt» konkret dazu ermutigt werden, sich Gedanken über die dahinter stehenden Ursachen und die möglichen politischen Signalsetzungen gegenüber den lokalen politischen Verantwortungsträgern zu machen. Eine lokal organisierte Nachbarschaftshilfe wäre so zu organisieren, dass die in ihr Aktiven immer auch ein Bewusstsein für die Lücken bestehender kommunaler Sozialpolitik entwickeln und zugleich über Möglichkeiten nachdenken, wie solche Schwachstellen vor Ort politisch und medial und damit öffentlichkeitswirksam kommuniziert werden können. Und so sind etwa junge Erwachsene in einem internationalen freiwilligen Einsatz immer auch dafür anzusprechen, dass sie dadurch selbst in eigener Person Prinzipien der Menschenwürde und der Menschenrechte verkörpern und auf diese Weise unter Umständen sehr erheblich in politischer Weite agieren.

Hier ist nicht zu unterschätzen, dass durch ein solches diakonisches Handeln Kompetenzen erworben werden können, die auch in anderen zivilgesellschaftlich relevanten Zusammenhängen genutzt und eingebracht werden können. In diesem Sinn kann und sollte gerade auch ein freiwilliges diakonisches Engagement zu einem weiterreichenden gesellschaftspolitischen Engagement befähigen und ermutigen.[178] Auf diese Weise können sich freiwillig Engagierte selbst als wesentlichen Bestandteil zivilgesellschaftlicher Öffentlichkeit empfinden und erleben. Insofern bringt die Integration von freiwillig

---

176 Vgl. *Priller*, Vom Ehrenamt zum zivilgesellschaftlichen Engagement.

177 Vgl. zum weiteren Zusammenhang etwa *Inthorn* (Hg.), Zivilgesellschaft auf dem Prüfstand sowie *Reese-Schäfer*, Politisches denken heute.

178 Vgl. zum Zusammenhang von politischer Bildung und bürgerschaftlichem Engagement auch die Beiträge in *Rosenzweig/Eith* (Hg.), Bürgerschaftliches Engagement und Zivilgesellschaft.

Tätigen sinnvollerweise immer auch die Aufgabe zivilgesellschaftlicher Sensibilisierung und politischer Aufklärung mit sich.

Diakonisches Handeln mit diesem Öffentlichkeitsanspruch lebt somit eben entscheidend nicht nur von erfolgreichen Maßnahmen der Gewinnung und Motivierung, sondern auch von der bildungsorientierten Begleitung der professionellen und ehrenamtlichen Mitarbeitenden.

Zwar mag ein solches Engagement auch ohne nähere Fachkenntnis oder gar ohne Bezug auf die theologischen Wurzeln und Leitlinien der jeweiligen diakonischen Einrichtung stattfinden, allerdings bleibt damit ein solches Handeln selbst unterbestimmt – und dies muss sowohl für die Einrichtung wie auch für ihre Akteure als problematisch angesehen werden. Denn auf der einen Seite droht damit die Geschichte und die Substanz der diakonischen Einrichtung unterbelichtet zu bleiben, auf der anderen Seite sind damit auch für die Handelnden selbst die Grundanliegen und Fundamente des jeweiligen institutionellen Engagements nur wenig transparent. Eine inhaltlich begründete, auf fachlicher Expertise beruhende Öffentlichkeitsverantwortung ist damit ebenfalls nur schwierig zu erreichen. Es ist auch davon auszugehen, dass die individuelle Bereitschaft zu einem solchen Einsatz dann deutlich nachhaltiger ist, wenn für die Engagierten permanente Qualifikationsangebote bereitgestellt werden, die sowohl die individuelle Kenntnis und notwendige Kompetenz verbreitern wie auch als investives wertschätzendes Zeichen angesehen werden können.

Dafür ist der Erwerb derjenigen Fachkenntnisse, die für das konkrete Handeln notwendig sind, ohnehin vorauszusetzen. Aber im Rahmen des diakonischen Engagements sollten auch die je spezifischen Traditionen sowohl intern wie extern öffentlich werden und das jeweilige Engagement auch für eine diakoniebezogene bzw. diakonische Reflexionsebene offen sein.[179]

Dabei kann diese Bildungsaufgabe tatsächlich sehr unterschiedliche Formen annehmen: Es wäre jedenfalls sehr verkürzt, würde man diese Bildung vornehmlich auf kognitiv orientierte Lernprozesse konzentrieren oder etwa auf eine rein historisch orientierte Vermittlungsbasis reduzieren. Vielmehr vermag bereits eine gute Begleitung des Engagements die Grundfähigkeit einer empathischen Haltung dem Anderen gegenüber zu fördern. Darüber hinaus trägt eine solche bildungsorientierte Begleitung auf formale wie vor allem auf nonformale und informelle Weise zur Wertebildung bei. Entsprechende empirische Befunde bestätigen ja grundsätzlich, dass freiwilliges Engagement

---

179 Vgl. dazu v. a. *Horstmann*, Das Diakonische entdecken; *Eurich/Oelschlägel* (Hg.), Diakonie und Bildung; *Beck/Schmidt* (Hg.), Bildung als diakonische Aufgabe; *Toaspern*, Diakonisches Lernen, sowie *Adam u. a.* (Hg.), Unterwegs zu einer Kultur des Helfens.

ein wichtiger gesellschaftlicher Lernort für den Prozess des Aufwachsens ist.[180] Insofern muss hier für die freiwillig diakonisch Tätigen auch Raum für die Einübung und Reflexion individueller Urteilsbildung sowie der entsprechenden Handlungsweisen sein.

Beispielhaft seien hier Initiativen eines diakonischen Lernens im schulischen Zusammenhang bis hin zum sogenannten *service learning* oder *situated learning* erwähnt. Entscheidend für einen nachhaltigen Kompetenzerwerb sind hier vor allem solche projektorientierten Formen, bei denen die Erfahrungen der Schülerinnen und Schüler selbst wieder systematisch in die unterrichtliche Bearbeitung zurückfließen.[181] Dahinter steht die von Lehrenden gemachte Erfahrung, dass ein bloßes Hospitieren bei bestimmten diakonischen Projekten, Einrichtungen oder Initiativen eben aus Schülersicht oftmals mehr den Charakter einer Außensicht hat und die konkrete persönliche Auseinandersetzung und der Austausch über die dort erlebten Begegnungen mindestens sehr schwierig ist. Dies bedeutet konkret, dass die Jugendlichen eben nicht nur einfach bestimmte Erfahrungen mit und in einem diakonischen Projekt machen sollten, sondern diese mit ihrem erworbenen theoretischen Wissen bzw. dem eigenen Fragehorizont verbinden und von dort her reflektieren. Dies setzt eine möglichst eigenverantwortliche und mitbestimmungsoffene Mitarbeit im jeweiligen Projekt über einen bestimmten, eben nicht nur punktuellen Zeitraum, sinnvollerweise voraus[182].

Ähnliche Überlegungen und Projektmodelle sind inzwischen auch für die Konfirmationsarbeit sowie die kirchliche Kinder- und Jugendarbeit zu konstatieren. Auch hier sind Verantwortliche längst zu der Einsicht gelangt, dass einmalige Besuche etwa in entsprechenden Werkstätten oder diakonischen Einrichtungen oder auch ein nur kümmerlich begleitetes Mitarbeiten für einen kurzen Zeitraum oder gar nur ein paar Stunden wenig zur Kenntnis und zum näheren Verständnis bei den Konfirmandinnen und Konfirmanden beitragen kann.[183] Auch für die Aus- und Weiterbildungsprogramme für kirchliche Jugendmitarbeiter empfehlen sich erfahrungs- und beziehungsorientierte Angebote, da dadurch diese Jugendlichen noch einmal auf einer anderen Ebene diakonisches Engagement miterleben können.

Zudem kann gerade durch solche intensiveren Begegnungen und den Aufbau stabilerer Beziehungen die Kontaktfläche sowohl zu denjenigen Personen erhöht werden, die für die jeweilige Einrichtung im wahrsten Sinn des

---

180 Vgl. *Düx u.a.*, Kompetenzerwerb im freiwilligen Engagement.
181 Vgl. *Sliwka/Frank*, Service learning.
182 *Vgl. Gramzow*, Diakonie in der Schule.
183 Vgl. *Schlag*, Partizipation.

Wortes stehen wie auch zu denjenigen, die als «Klienten», «Kunden», «Gäste» oder «Bewohner» vom konkreten Angebot erreicht werden bzw. davon in ihrer je eigenen Lebenslage aufgesucht und aufgenommen werden. Insofern ist ein diakonisches Lernen insbesondere aufgrund seines eminent personalen pädagogischen Bezugs zukünftig erheblich stärker zu profilieren.

Von dort her rücken dann auch wesentliche inhaltliche Gesichtspunkte, die die verantwortliche Institution selbst betreffen, mit in den Blick. Die entscheidende öffentliche Bildungsaufgabe besteht jedenfalls darin, dass die Engagierten sich auch durch Aspekte und Motive für ihr Handeln inspirieren lassen, die möglicherweise zu Beginn ihres Engagements so gar nicht im Zentrum ihres Interesses oder ihres Bewusstseins lagen. Dazu gehört auch die Sensibilisierung für die Aufgaben der Diakonie im Zusammenhang aktueller sozialstaatlicher Veränderungen und die damit einhergehenden Herausforderungen für die Profilierung im säkularen Kontext.

Damit ist deutlich, dass diakonisches Engagement entscheidend auf die Thematisierung und Reflexion wesentlicher theologischer Gesichtspunkte angewiesen ist. Zwar mag ein individuelles Hilfehandeln auch in seiner ethischen Dimensionierung auf individueller Intuition, auf «gesundem Menschenverstand» oder auf dem Bewusstsein und der persönlichen Deklaration allgemeiner humanitärer Prinzipien beruhen. Gleichwohl sollten es die Trägerinstitutionen und die Verantwortlichen vor Ort als eine ihrer wesentlichen Kernaufgaben ansehen, die theologische Dimension ihrer Arbeit ebenfalls zum Gegenstand der Bildung ihrer Mitarbeitenden zu machen. So sind sowohl biblische Referenzen für diakonisches Handeln wie auch deren theologisch-ethische Deutung, etwa unter dem Leitgedanken von Barmherzigkeit und Nachfolge, aber auch in der Perspektive des bedingungslosen Eintretens für Arme, Schwache und Sprachlose zu thematisieren. Und im besten Fall lässt sich etwa für jüngere Menschen am Beispiel gelingender kirchengemeindlicher Arbeit deren Einsatz und Engagement auch für gesellschaftliche Belange befördern und motivieren. Umgekehrt kann die Erfahrung einer zivilgesellschaftlich relevanten öffentlichen Kirche auch diese selbst wieder zu einem interessanten spirituellen Erfahrungsort werden lassen.

Um an dieser Stelle ein weiteres Beispiel zu nennen, sei auf die in den vergangenen Jahren stetig und stark zunehmenden Aktivitäten im Zusammenhang der Hospizarbeit verwiesen. Hier leuchtet einerseits unmittelbar ein, dass ein solches Engagement nur unter der Voraussetzung der Reflexion persönlicher Motive und eben auch des notwendigen professionellen Wissens hinsichtlich der Begleitung Sterbender gerechtfertigt und verantwortet werden kann. Zugleich sollte aber ein solches sehr spezifisches Hilfehandeln die theologische Dimension unbedingt mit umfassen. Denn gerade die existentiellen Fragen nach Sterben und Tod, nach der eigenen Herkunft, Gegenwart und Zukunft erlangen durch die theologische Deutung in der Perspektive göttlicher Schöpfung, Bewahrung und Erlösung eine wesentliche Tiefendimension.

Als weiteres Beispiel hin zu einer diakonisch-partizipativen Gemeindekultur können die inzwischen zahlreichen diakonischen Aktivitäten im Übergangsbereich zwischen kirchengemeindlichem Handeln, Schulseelsorge, Schulsozialarbeit und konkreten Angeboten im Bereich der Ganztagsschule genannt werden. Hier hat sich längst ein Aufgabenfeld entwickelt, das überhaupt nur noch in abgestimmter Koordination zwischen Schulen bzw. Schulträgern und anderen zivilgesellschaftlichen Institutionen vor Ort bearbeitet und bewältigt werden kann.[184]

Schließlich sei auf die diakonischen Hilfeleistungen im Bereich konkreter Asylarbeit und Beratung verwiesen. Auch hier ist es zwar schon eine wesentliche Aufgabe, einzelne Personen etwa im Fall drohender Abschiebung oder Ausweisung möglichst hilfreich zu unterstützen und sich damit des je spezifischen Einzelschicksals anzunehmen. Gleichwohl sind auch Artikulationsformen zu finden, durch die die Akteure die weiter reichenden Hintergründe und Problemlagen des jeweiligen Falls öffentlich thematisieren und eben gegebenenfalls auch brandmarken, um so den notwendigen politischen Druck auszuüben. Dass dabei auch die Stimme der jeweiligen Kirchengemeinde vor Ort nach wie vor öffentlich kaum ignoriert und auch nicht einfach mit dem Vorwurf eines einseitigen Lobbyismus abgedrängt werden kann, sollte dabei als eine besondere politische Ressource begriffen werden.

Nicht ohne Grund wird in den einschlägigen Umfragen gerade das diakonische Engagement als eines der wesentlichen Merkmale kirchlichen Handelns angesehen. Insofern eröffnet diakonisches Engagement Perspektiven für eine Kirche als intermediäre Institution in der Zivilgesellschaft und damit für eine öffentliche Kirche innerhalb der pluralistischen Gesellschaft. Hier kann diakonisches Engagement eine Brücken- und Schlüsselfunktion für eine öffentliche Kirche als intermediäre Institution inmitten der gesellschaftlichen Wandlungs- und Umbruchsprozesse mitsamt den dabei drohenden Friktionen einnehmen. Bei aller notwendigen Konzentration auf professionelles diakonisches Handeln muss somit immer auch mit im Blick sein, welchen Beitrag ein solches intermediäres und integratives Handeln zur notwendigen gesellschaftlichen Veränderungsdynamik zu leisten vermag.

---

184 Vgl. im weitergehenden Sinn dazu auch *Zitt*, Diakonisch-soziales Lernen in der Gemeinde.

3. Die Öffentlichkeit des Pfarrberufs

Dass der Pfarrerberuf seinem Auftrag und seinem professionellen Selbstverständnis nach eine eminent öffentliche Ausrichtung und Funktion hat, ist schlechterdings nicht zu bestreiten. Das Amt und der Beruf selbst sind voller kommunikativer Chancen und Anforderungen: Es geht um ein vielspältiges Wort-Geschehen des Hörens und Sprechens, des Deutens und Gedeutet-Werdens, schließlich einer gelingenden und gelebten «Verschmelzung von Person und Sache»[185] in den je beruflichen Vollzügen, die auch die Perspektiven der Kommunikation nach innen wie nach außen in die weitere Öffentlichkeit mitbestimmt. Der Beitrag des christlichen Selbst- und Weltverständnisses muss somit gerade auch durch eine glaubwürdige personale Präsenz im kirchlichen wie im säkularen Kontext verständlich und öffentlich sichtbar gemacht werden können.[186]

Nun führen die Veränderungen pastoraltheologischer Leitbilder während der vergangenen Jahrzehnte eindrücklich die Tatsache vor Augen, dass diese öffentliche Deutungs-Aufgabe sowohl pastoraltheologisch unterschiedlich konzipiert wie auch in der konkreten Praxis sehr verschieden verstanden und auch ausgefüllt werden kann. Ob es nun richtig ist, dass man eine dezidiert gesellschaftspolitische Ausrichtung des Pfarrberufs insbesondere für eine bestimmte Phase der gesellschaftlichen Politisierung während der 70er und 80er Jahre überhaupt annehmen kann, mag doch in dieser Eindeutigkeit nur sehr vorsichtig vermutet werden. Allerdings weisen die jüngeren Studien zum pastoralen Selbstbild darauf hin, dass eine politisch-öffentliche Rolle aus Sicht der Pfarrpersonen gegenwärtig doch eher mit deutlich größerer Zurückhaltung ausgeübt wird. Das Leitbild einer sich womöglich gar prophetisch gebenden Leitperson und entsprechend auftretenden Verkündigungsfigur scheint nur noch im Einzelfall kultiviert zu werden.[187]

Allerdings hat die erwähnte Zurückhaltung auch eine problematische Kehrseite. Denn ganz offenkundig hat sich in den vergangenen zwei Jahrzehnten die pastorale Profilierung auf thematische Aspekte verlagert, bei denen eine zivilgesellschaftlich konnotierte Aufgabenbeschreibung allerhöchstens am Rande mit im Blick ist. Ein aufschlussreicher Indikator für die massive Ver-

---

185 *Weyel*, Pfarrberuf, 647.

186 Vgl. *Wagner-Rau*, Auf der Schwelle, 121.

187 Vgl. beispielhaft die bei *Bölts/Nethöfel*, Pfarrberuf heute, dokumentierten Loccumer Thesen, 202ff., die trotz der anvisierten «Perspektiven für den Pfarrberuf» weitgehend auf die strukturellen und organisatorischen Rahmenbedingungen der pfarramtlichen Berufsausübung fokussieren; mit gleicher Erkenntnis auch *Schneider/Lehnert*, Berufen – wozu?, 72f.

lagerung hin zu Management-, Leitungs- und Führungsfragen, für das intensive Interesse an gottesdienstlich-liturgischen Fortbildungen und die weiter zunehmende Attraktivität von Spiritualitäts- und Meditationskursen sind die entsprechenden Weiterbildungskurse der Landeskirchen.

Nun wäre es allerdings so billig wie schal, würde man den professionellen Akteuren einfach im Sinn einer Generalkritik politische Naivität, zivilgesellschaftliche Ignoranz oder schlichtweg fehlende Bereitschaft, fachlichen Rat einzuholen, vorwerfen. Eine bestimmte akademische, spöttisch distinguierte Distanziertheit gegenüber dem pastoralen Beruf, die vor allem nach dem Beifall der Gelehrten unter ihren Verächtern Ausschau hält, stellt sich jedenfalls mit solchen Vorwürfen vor allem selbst bloß und ins Abseits.

Allerdings muss deutlich darauf hingewiesen werden, dass eine bewusste Rückzugsmentalität der Pfarrpersonen in den eigenen Wohlfühlbereich und die gemeindliche Komfortzone weder dem Berufsauftrag noch den Bedürfnissen der jeweiligen Gemeinde vor Ort gerecht zu werden vermag. Hier legt es sich nahe, von Grenzen pastoraler Freiheitsbestrebung zu sprechen, insbesondere wenn diese extrem narzisstische, egomanische oder andere verstörende Formen annimmt.

Nun ist nicht davon auszugehen, dass für eine Aufgabenprofilierung im Horizont öffentlicher Theologie ein neues Leitbild benötigt wird, durch das die pastoraltheologische Ahnenreihe einfach fortgeführt werden sollte: also vom Zeugen über den Helfer zum Propheten und Führer ins Heilige, zum professionellen Manager, geistlichen Leiter, spirituellen Coach, missionarischen Übereiferer oder nun gar erneut zum zivilgesellschaftlichen Avantgardisten. Letztlich ist jedes der genannten Leitbilder, versteht es sich als einzig denkbares, so möglich wie unmöglich. Denn seine Näherbestimmung und Profilierung kann es überhaupt nur durch eine möglichst sachgenaue Orientierung am Verkündigungsauftrag selbst erhalten.

Von daher sind auch in pastoraltheologischer Hinsicht die Leitperspektiven Freiheit, Verantwortung und Hoffnung für die professionelle theologische Gestaltung öffentlicher Kirche fruchtbar zu machen. Erst vom Bewusstsein geschenkter und zugesprochener Freiheit im Licht der Zusage, wo der Geist des Herrn ist, da ist Freiheit (Gal. 5,17), kann es zu einer verantwortlichen pastoralen Praxis kommen, erst von einer theologischen Klarheit zur öffentlich erkennbaren Orientierung. Dies kann dann aber unter der genannten Prämisse der je individuellen theologischen Deutungsaufgabe nur bedeuten, dass Pfarrerinnen und Pfarrer «ihre Professionalität dadurch erweisen, dass sie ihre Wirksamkeit entfalten»[188].

---

188 Ebd.

Pastoraltheologisch hat der Pfarrberuf gerade angesichts seiner öffentlichen Verantwortung inmitten der zivilgesellschaftlichen Komplexitäten zuallererst mit der notwendigen Reflexion des zugesprochenen Amtes, der eigenen Rolle und Funktion zu tun. Entscheidend ist folglich vor allem eine solche innere Haltung, in der – um es in Anlehnung an Schleiermacher zu formulieren – die «beteiligten Individuen in ihrem Inneren erfolgreiche Prozesse der Ausmittlung ihres religiösen Interesses und ihres wissenschaftlichen Geistes absolviert haben».[189]

Der reformatorisch grundgelegte Charakter des pastoralen Amtes sowie die je eigene Berufung und Beauftragung der Pfarrperson wird dieser ja gerade aufgrund einer spezifischen theologischen Ausbildung und der dabei erworbenen Kompetenzen zugesprochen.

Für die Pfarrerinnen und Pfarrer gilt nun, dass sie nicht nur aufgrund ihres Berufs und dessen Anforderungen, sondern oft auch aufgrund ihres biographisch bedingten Persönlichkeitsprofils von ganz besonderer Art sein können. Sie leben in gewissem Sinn eine Existenz zwischen kreativer Künstlerschaft einerseits und enormer Gebundenheit an vorgegebene institutionelle und theologische Standards andererseits, zwischen dem Privileg, an allen Facetten des Lebens unmittelbar teilhaben zu können, und der Pflicht, auch an dem teilhaben zu müssen, was sie sich freiwillig und privat wohl nie wählen würden. Die Pfarrperson ist freier Investor in eigener Sache mit allen persönlichen und familiären Konsequenzen und zugleich Repräsentant einer Institution, die ihm nicht selten als notwendiges Übel erscheint – interessanterweise übt hier das jüngst entwickelte Bild des «Intendanten»[190] auf manche eine ganz eigene Faszination aus.

Und dabei mag aus den eigenen beruflichen Erfahrungen der Habitus des enttäuschten Akademikers entstehen, der weniger verdient als die Vertreter anderer akademischer Disziplinen, weniger am öffentlichen, nichtkirchlichen Leben und an der exzessiven Nutzung der Freizeit teilnimmt als Vertreter anderer Berufsgruppen und gleichwohl subjektiv gesehen, keinen ausreichenden privaten Ausgleich für seine Investitionen und privaten Opfer erhält. Pfarrerinnen und Pfarrer sind nicht selten in ihrer Lebensführung ungebundene – oftmals so freie wie vereinzelte – Nomaden, die voller Erstaunen und dann neidvoll die Privat- und Freizeitoasen ihrer Gemeinde nur am Rand der eigenen biographischen Verortung wahrnehmen. Eine unmittelbare Spannung zwischen prophetischem Anspruch und befristeter Sesshaftigkeit kann sich folglich dadurch ergeben, dass sie gerade dort Öffentlichkeit herstellen und

---

189 *Albrecht*, «Religiöses Interesse» und «wissenschaftlicher Geist», 132.
190 Vgl. *Gundlach*, Zur Zukunft des Pfarrberufs.

mitgestalten sollen, wo sie der eigenen Existenz nach nur auf sehr bestimmte Zeit verortet sind. All dies lässt eine unbefragte und unbedingte pastorale Übernahme öffentlicher Verantwortung nicht von vornherein als selbstverständlich erscheinen. Die vornehmste Aufgabe praktisch-theologischer Ausbildung besteht folglich zuallererst darin, Kompetenzen in der professionellen Selbstwahrnehmung sowie der Wahrnehmung dieser komplexen Berufslage zu vermitteln.

Für die Ausbildung theologischer Professionalität wird es entscheidend davon abhängen, ob die Pfarrpersonen darin geschult werden, die realen Verhältnisse des eigenen Arbeits- und Lebensumfeldes so genau wie möglich überhaupt einmal wahrnehmen zu können – und dabei zugleich Eitelkeit und Profilierungssucht deutlich zurücktreten lassen zu können.[191]

Denn gerade die Analyse der gesellschaftlichen Rahmenbedingungen und Dynamiken ist von erheblicher Bedeutung für eine öffentlichkeitsbedeutsame pastorale Praxis. Sowohl im Blick auf die Sprache in Predigt und Seelsorge, die Angebotsstruktur konkreter Bildungsveranstaltungen wie die Gestaltung etwa von Gottesdiensten oder Gemeindeanlässen lebt die Zugänglichkeit solcher Angebote entscheidend davon, dass sie von der hörenden und sehenden Gemeinde verstanden werden können. Im Zusammenhang dieser notwendigen Wahrnehmungsfähigkeit der komplexen Weltverhältnisse gilt zudem grundsätzlich auch an die Mahnung zu erinnern, dass die Demokratie in Gefahr ist, wenn Meinung und Vorurteil an die Stelle von Wissenschaft und Vernunft zu treten drohen.

Im Blick auf die gesellschaftspolitischen Zusammenhänge besteht somit die erste pastorale Aufgabe darin, die relevanten Sachzusammenhänge, Grundbedingungen und Defizite des Politischen überhaupt einmal zu identifizieren. Zudem ist grundsätzlich daran zu erinnern: «Um unsere Freiheit in einer Welt der Kollektivität zu sichern, müssen wir sensibel für die Möglichkeit sein, dass wir unrecht haben könnten.»[192] Es bedarf folglich auch der wechselseitigen Bereitschaft, die eigene Meinung bestätigen oder eben auch falsifizieren zu lassen. Dies muss sich im mutigen Wort nach außen manifestieren – unter der Voraussetzung, dass dieses über die fachliche Expertise hinaus auch anhand spezifisch theologischer Deutungskunst geprüft und für gut befunden wurde. Dann verbieten sich auch alle falschen Kompromisse und scheinheiligen taktischen Konzessionen. Wer theologisch professionell

---

191 Vgl. *Pachmann*, Pfarrer sein, 147.

192 *Barber*, Amerika, Du hasst [sic!] es besser, in: Süddeutsche Zeitung vom 4./5. Dezember 2010, 14.

ausgebildet ist, sollte und darf sich nicht scheuen, mit der eigenen Kompetenz so klar und eindeutig wie offen zu kommunizieren.

Zu dieser Kommunikation gehört allerdings in gleichem und ebenfalls eminent bedeutsamen Sinn die Bereitschaft zum wechselseitigen Trost und Füreinandereinstehen im Sinn dessen, was bei Luther als «mutuum colloquium et consolatio fratrum» folgenden Ausdruck fand: «Ist es doch ein edel trostlich werk, dass do zween zusammenkommen und einer dem andern Rat, Hülf und Trost gibt und gehet fein brüderlich und lieblich zu; einer entdecket seine Krankheit, so heilet ihm der ander seine Wunden.»[193]

Im Blick auf die Leitperspektive Hoffnung bedeutet, Diener des Wortes Gottes zu sein, dann aber auch: sich selbst zusagen lassen, wofür man selbst keine Worte oder Begriffe hat, sich selbst zusprechen lassen. Erst von dieser Hoffnungsperspektive aus ist dann auch eine zugleich kundig begründete Artikulation und Interaktion wie eine spirituell begründete Gelassenheit in den Selbst- und Weltverhältnissen überhaupt denkbar.

Für die eminent komplexe Kommunikationsaufgabe in diesem «Amt der Erinnerung»[194] an die alten Erzählungen und Traditionen bedarf es folglich einer hohen pastoralen Selbst-, Unterscheidungs- und Kommunikationskompetenz sowie einer erheblichen Wahrnehmungs- und Deutungskunst. Gerade in Fragen kirchlicher intermediärer Verantwortung in der Deutung und Mitgestaltung der zivilgesellschaftlichen Herausforderungen sollte sich jedenfalls nicht jede individuelle Deutung sogleich unbedarft als unmittelbare Zusage Gottes auszuweisen versuchen – abgesehen davon, dass gerade an solchen mangelnden Grenzunterscheidungen die wesentlichen theologischen und gemeindlichen Irritationen und Konflikte entstehen.

Dass hier gegenwärtig die Idee einer starken Führungspersönlichkeit wieder an Attraktivität gewinnt, ist somit keineswegs unproblematisch und nicht in jedem Fall ein Gewinn für zukünftige Bilder kirchlichen Lebens. Gerade deshalb ist auch aufseiten derer, die sich mit einer als besonders hoch empfundenen Autorität äußern, eine möglichst seriös und kundig agierende Artikulation umso mehr gefragt. Insofern stellt sich die Frage, ob eine solche gesellschaftliche Deutungsmacht im Pfarramt tatsächlich überhaupt noch als primär individuelle Aufgabe beschrieben werden kann oder ob sie nicht schon von Beginn an auf Austausch und Partizipation angewiesen ist – sowohl in Hinblick auf die Wahrnehmung der Weltverhältnisse wie auf deren theologische Interpretation. Die folgende Aufgabenbeschreibung hingegen erscheint doch eindeutig als zu solistisch bestimmt, wenn es heißt, dass Pfarr-

---

193 *Luther*, WA 15, 487,23 (Predigt vom 20.3.1524).
194 Vgl. *Grözinger*, Die Kirche – ist sie noch zu retten?, 134ff.

personen «die Gegenwartslage interpretieren können, und zwar im Lichte [des] christlichen Gesamtverständnisses der geschichtlichen Wirklichkeit und der Mission des Christentums in ihr. [...] Sie müssen ein zutreffendes Verständnis der in der Gegenwartssituation steckenden Herausforderungen der Kirche im ganzen [sic!] entwickeln können».[195] Bei einer solchen Aufgabenbeschreibung stellt sich die Frage, ob so nicht gerade die in einer Kirchengemeinde mit Sicherheit vorhandenen Deutungspotentiale und Ressourcen in entscheidender Weise unterlaufen werden und letztlich genau die klassische Vorstellung des auch öffentlich so auftretenden Einzelkämpfers in problematischer Weise befördert wird.

So macht die konkrete Praxis im Pfarramt erhebliche Differenzierungskompetenz auch hinsichtlich des persönlich Leist- und Gestaltbaren unbedingt erforderlich. Insofern liegt die hohe pastorale Leitungskunst auch darin, Exklusionen zu vermeiden und möglichst vielfältige Möglichkeiten zu eröffnen, damit Menschen sich mit ihren je individuellen Kompetenzen und Begabungen in das Gemeindeleben einzubringen vermögen. Hier macht insbesondere die gemeinsame Arbeit mit Freiwilligen und Ehrenamtlichen erhebliche Pluralitätskompetenz notwendig – dass diese biblisch nicht nur möglich, sondern überaus eindeutig geboten ist, sei an dieser Stelle nur angedeutet. Zudem ist zu betonen, dass diese Leitungsaufgabe nicht nach Art eines falsch verstandenen «Zwei-Reiche-Verständnisses» als rein weltliche Angelegenheit interpretiert werden darf, da sie damit gerade ihrer «geistlichen Dimension und der theologischen Reflexion»[196] entzogen würde.

Es geht also bei diesem Dienst am Wort im Sinn reformatorischer Freiheit nicht um eine Freiheit von Verpflichtung, Verantwortlichkeit und Verbindlichkeit, sondern um die unbedingte, geschenkte Freiheit, nach dem Verpflichtenden und Verbindlichen mutig und hoffnungsvoll zu suchen, und dazu auch die entsprechende wertschätzende und partizipative Leitungskultur[197] zu entwickeln – sehr viel mehr bräuchte von Seiten der Pfarrerinnen und Pfarrer im Sinn einer öffentlichen Überzeugungsarbeit erst einmal kaum geleistet werden.

---

195 *Herms*, Das evangelische Pfarramt als Leitungsamt, 50.
196 *Pohl-Patalong*, Leitung in der Volkskirche, 83.
197 Vgl. ebd., 89f.

4. Partizipatorische Gemeindeentwicklung

Die anfangs benannten Herausforderungen und die fraglos konstatierbare krisenhafte Unsicherheit über die zukünftige Gestaltung der volkskirchlichen und parochialen Verhältnisse hat in den vergangenen Jahren zu einer erheblichen Dynamik kirchlicher und gemeindlicher Neuaufbrüche geführt. Eine Vielzahl von eindrücklichen Initiativen, die auf unterschiedlichsten digitalen Plattformen gleichsam in Echtzeit zugänglich sind, machen deutlich, dass große und oftmals hochkreative Anstrengungen unternommen werden, um die eigene Gemeinde in ihrem öffentlichen Erscheinungsbild noch einmal ganz neu zum Vorschein zu bringen.

Dabei zeigt sich nun allerdings auch auf der Ebene gegenwärtiger Gemeindekonzeptionen die bereits angedeutete problematische kirchentheoretische Denkweise erneut, wenn etwa die notwendige Rückgewinnung, gar die Konversion und neue Lebensentscheidung für Jesus als Grundbedingung gemeindlicher Zukunft eingefordert wird. Ich zitiere hier nur ansatzweise aus Überlegungen, die im Zusammenhang der Studie «Wie finden Erwachsene zum Glauben» jüngst in konversionstheoretischer Perspektive formuliert wurden: «Auskunftsfähige und beziehungsstarke Christen sind das eigentliche Geheimnis einer missionarischen Gemeinde [...] als ‹Zeugen›, die in der Alltagswelt und auch im Gemeindeleben für das Leben im Glauben und den Glauben im Leben einstehen.»[198] Damit wird nun mindestens indirekt auch die bisherige parochiale Struktur der Gemeinden stark infrage gestellt.

Dies zeigt sich in einer schillernden Bestimmung des Zusammenhangs von Glaube und Taufe, wenn es heißt: «Unser Glaubensverständnis ist relational. Wir sehen im Glauben ein Geschehen von Wort und Antwort. Das führt dazu, dass Glaube nicht als Selbstverständlichkeit betrachtet werden kann: Christsein versteht sich nicht von selbst, auch nicht bei denen, die getaufte Mitglieder einer Kirche sind. Wenn wir hier unterscheiden, dann tun wir das nicht im Hinblick auf einzelne Personen und auch nicht, um auszugrenzen. Vielmehr erfolgt es mit dem Ziel, dass zur Taufe hinzukommt, woraufhin sie angelegt ist: dass Menschen sich im Glauben aneignen, was ihnen in der Taufe zugesagt worden ist.»[199]

Auch in einer gemäßigten Variante, in der von der Weiterexistenz der Parochialgemeinde ausgegangen wird, zeigt sich doch die grundsätzliche Ausrichtung, wenn die bisherige konzeptionelle Figur der «Kirche bei Gelegen-

---

198 *Herbst*, «Mama, Gott hat dich in die Kirche geschoben!», 184.
199 *Zimmermann*, Theologische Einführung, 27.

heit» gerade durch «Gemeinden mit regelmäßigem Gottesdienst, [...] etwa Gemeindepflanzungen»[200] ersetzt werden soll.

Gefordert wird über das bestehende Parochialmodell hinaus die institutionelle und organisatorische Konsequenz, echte Überzeugungsgemeinschaften mit einem eindeutig erkennbaren gemeinsamen Sprach- und Lebensstil zu bauen. Die Qualität der kirchlichen Gemeinschaft wird folglich daran gemessen, ob sie sowohl nach innen wie nach außen als authentische Überzeugungsgemeinschaft erkennbar wird, Kirche im Sinn des vermeintlich eindeutigen Auftrags Gottes in der Welt repräsentiert und sich damit in ihren Praxisvollzügen auch von der Welt erkennbar unterscheidet. Nun steckt in einer solchen Perspektive Potential, erst recht dann, wenn es tatsächlich zu einer guten *mixed economy* zwischen bewährten und neuen Gemeindeformen kommen kann.[201]

Gleichwohl droht eben als Folge solcher Strategien schon jetzt eine mindestens latente Abwertung all dessen, was nicht explizit als eindeutig bekenntnisorientierte Sprach- oder Handlungspraxis identifiziert zu werden vermag. Und im theologischen Sinn verliert hier nicht nur die Taufe ihren Dignitätsstatus, sondern die Unterscheidung von sichtbarer und unsichtbarer Kirche wird überhaupt erheblich aufgeweicht: Die verantwortliche Gemeinde kann nicht wissen, «welche Gemeinschaft Gott heute bauen» will: «Wer sich das Bild einer Gemeinschaft erträumt, der fordert von Gott, von dem anderen und von sich selbst die Erfüllung. Er tritt als Fordernder in die Gemeinschaft der Christen, richtet sein eigenes Gesetz auf und richtet danach die Brüder und Gott selbst.»[202]

Dass von solchen Wunschbildern aus jeder Versuch, als *öffentliche Kirche* inmitten der Weltverhältnisse zu kommunizieren und zu interagieren, als ein bestenfalls sekundäres Geschäft wahrgenommen wird, kann in diesem Fall kaum verwundern – daran ändert auch die immer wieder erfolgte Betonung der missionarischen *und* diakonischen Aufgabe von Gemeinde nur wenig.[203]

Vor dem Hintergrund solcher Idealbilder von Gemeinde können dann erhebliche öffentliche Irritationen entstehen, wenn es beispielsweise um offenbar typische kirchliche Konflikt«lösungs»-Strategien geht. Auf kaum einem anderen Feld scheinen Konflikte zu ähnlich dramatischen Konsequenzen zu führen wie eben hier – dies reicht von internen Intrigen über Rücktritte von

---

200 *Zimmermann*, Die Parochie ist kein Auslaufmodell, 186.
201 Vgl. ebd., 199f.
202 *Bonhoeffer*, Gemeinsames Leben, 19.
203 Vgl. *Zimmermann*, Die Parochie ist kein Auslaufmodell, 201.

verantwortlichen Positionen, die Durchführung rechtlicher und nicht selten peinlicher Verfahren bis hin zu tiefgreifenden und dauerhaften Gräben zwischen einzelnen Akteuren, gar der Spaltung ganzer Gemeinden mit der Folge des entsprechenden öffentlichen Vertrauensverlustes.

Entscheidend für die hohe Emotionalität und die erheblichen Enttäuschungs- und Frustrationspotentiale sind in diesen Fällen jedenfalls keineswegs nur die daran beteiligten Akteure. Sondern wesentlich verschärft werden diese Konflikte durch eben jenes hochproblematische und zusätzlich belastende Bild von Kirche als idealer Gemeinde und konfliktfreier Zone: Als ob die jeweilige Gemeinde und die in ihr agierenden Akteure durch die äußeren Bedingungen gleichsam ihrer eigenen Interessen, Gefühle und Lebensbedingungen enthoben wären und es tatsächlich so etwas wie ein konfliktfreies Refugium kirchlicher Lebenspraxis geben könnte, das nach ganz anderen Formgesetzen menschlichen Verhaltens funktionierte. Gerade solche Ansprüche verbinden sich dann im Fall ihrer Nichterfüllung erfahrungsgemäß mit umso größeren Enttäuschungen, was dann erst recht zu offener Unversöhnlichkeit führen kann. Die im Einzelfall massiven Eskalationen sind aber für die öffentliche Wahrnehmung des kirchlichen Gemeindelebens bestenfalls kontraproduktiv[204]. Deshalb muss eine überzeugungsstarke Gemeindeentwicklung nach innen wie nach außen «situationskompetent»[205] dazu in der Lage sein, interne Interessen- und Machtfragen in einer Weise zu bearbeiten, die den Grundlagen und Erwartungen geistlicher Gemeinschaft mindestens nicht kolossal widersprechen. Eine angemessene Theorie kirchlichen Handelns leitet im besten Fall dazu an, Konflikte als Lernfeld gemeinsamer Verantwortung zu begreifen, ja geradezu zu inszenieren.[206]

Nun soll es hier aber mit der bloßen Kritik nicht sein Bewenden haben, sondern ein missionarisches und pneumatologisches Element in die Diskussion einbezogen werden – und dies unter der Grundfrage, ob aus einer liberal-protestantischen Perspektive Hilfreiches zur Gemeindeentwicklung im Sinn der Entwicklung hin zu einer *öffentlichen Gemeinde* gesagt werden kann.

Wie schon angedeutet, ist die Gemeinde der Heiligen nicht als homogener Organismus zu denken, sondern stellt ihrer Verfasstheit nach ein *corpus permixtum* dar. Ebenso ist immer wieder an die grundlegende Bestimmung von Kirche als *communio sanctorum* zu erinnern. Allerdings gilt hier in besonderer Weise, dass diese nicht als «normative Blaupause in Anspruch ge-

---

204 Vgl. als ein hilfreiches Vademekum für alternative Konfliktlösungen *Pohl*, Konflikte in der Kirche.

205 Vgl. *Kunz*, Kybernetik, 665.

206 Vgl. *Lange*, Kirche für die Welt, 204.

nommen werden [darf], um die Vielfalt des kirchlichen Lebens unter einen sozialromantischen Homogenitäts- und Anpassungsdruck zu setzen».[207]

Gerade als Gemeinde der Freiheit stößt sie folglich mit allen Versuchen, das Unorganisierbare zu organisieren und gar zu homogenisieren, an ihre natürlichen Grenzen.[208] Der Gemeinde des Wortes Gottes, die von der permanenten Bemühung um die Auslegung dieses Wortes und damit vom Wortgeschehen selbst lebt, bleibt ihr Wirken doch unverfügbar.

Aber gerade von dieser unverfügbaren Wirkung zugesprochener Freiheit aus erschließt sich auch auf Ebene der Gemeinde ihre besondere Verantwortungsdimension. Diese wird dort erkennbar, wo die Gemeinde vor Ort mit ihrer Sorge um die Menschen gefragt ist.

Dazu gehört zum einen, als brüderliche und geschwisterliche Gemeinde dem produktiven Streit in ihrer Mitte gerade nicht aus vermeintlicher Barmherzigkeit auszuweichen, sondern eine öffentlich erkennbare Kultur der Konfliktfähigkeit zu entwickeln und zu pflegen. Dazu gehört aber auch, dass sich die lokalen Akteure im Bewusstsein, freie, verantwortliche und hoffende Glieder ihrer Gemeinde zu sein, als Gemeinde für andere und damit als diakonische und helfende Gemeinde zeigen. Eine solche öffentlich erkennbare, entschiedene Suche nach lebensdienlicher Wahrheit im Licht gemeinsamer Hoffnung trägt jedenfalls erheblich größere Überzeugungskraft in sich als alle Formen noch so modernistischer Konversionssemantiken.

Die Qualität öffentlicher Gemeinde beruht auf gelingenden Interaktions- und Beziehungsverhältnissen in ihrer je lokalen pluralistischen Öffentlichkeit und damit auf lebensdienlicher Kommunikation und Interaktion. Die Gemeinschaft der Heiligen zeichnet sich jedenfalls weniger dadurch aus, dass sie als Überzeugungsgemeinschaft, sondern indem sie als deutungsoffene, wahrnehmungsoffene und annahmebereite Diskursgemeinschaft öffentlich erkennbar wird. Die eigentliche Frage ist damit auch nicht, wie niedrigschwellig Gemeinde sein kann und soll, sondern ob sie sich für Menschen öffnet, denen schon die geringste Schwelle als zu hoch erscheint. Insofern ist inmitten der pluralistischen Gesamtsituation die paulinische Überzeugung noch einmal ganz neu fruchtbar zu machen, den Juden ein Jude, und den Schwachen ein Schwacher zu sein (1Kor 9,20ff) und auch über alle Grenzen hinweg das Gemeinsame der Glaubenszusage stark zu machen (Gal 3,28). Denn erst dadurch wird – das ist die paulinische Pointe – das Evangelium wirklich in seinem Zusagecharakter zum Vorschein gebracht. Dafür bietet die seelsorgerlich-öffentliche Grundhaltung des Paulus selbst Orientierung, im

---

207 *Laube*, Die Kirche als «Institution der Freiheit», 164.
208 Vgl. *Nassehi*, Die Organisation des Unorganisierbaren.

Fall von Konflikt und Parteienstreit gerade jede Partei auf die je andere sowie auf das gemeinsame Ganze hinzuweisen: «Auf die Einheit, die im Kreuz Christi, im gemeinsamen Bekenntnis, in der einen Taufe und dem einen Geist sowie in der Liebe begründet ist.»[209]

Plädiert sei hier folglich für eine pneumatologische Grundlegung von Gemeinde im Sinn des geistvollen Suchens nach einem Weg, der verbindet, statt trennt und der das Gemeinsame betont statt das Unterscheidende ins Zentrum zu rücken. Dies heißt dann aber auch, Gemeinde der Sache nach so vielfaltsoffen wie nur möglich zu denken. Von dort aus legt es sich nahe, einerseits vom Leitbild einer polyzentrischen und flexiblen Gemeinde zu sprechen, deren Zentrum sich gerade in der Offenheit für die vielen möglichen Zentren des Lebens bildet. Zum anderen kann das Leitbild einer dynamischen Gemeinde entworfen werden, die sich als offene Weg- und Dienstgemeinschaft bewusst auf die Dynamiken der Welt einlässt und diese von den eigenen christlichen Weltwahrnehmungen aus deutet. Vorausgesetzt ist hierbei eine solche «Entsprechung der empirischen Kirche zu ihrem Grund und Auftrag [...], die sich nicht der Gutwilligkeit ihrer Glieder, sondern dem Wirken des Heiligen Geistes verdankt».[210]

Schließlich kann von der Gemeinde in einem tröstenden Sinn gesprochen werden, wenn sie in den Krisen- und Wechselfällen des Lebens mit ihren eigenen spezifischen Ressourcen zur Verfügung steht. Anachronistisch ist die Rede von der Gemeinde der Heiligen jedenfalls erst dann, wenn sie sich selbst aus der Zeit und Welt hinaushebt, weil sie damit den Kontakt zu den Menschen selbst unwiederbringlich verlöre. Die Rede von der «Kirche bei Gelegenheit» bekommt jedenfalls dann ihren Sinn, wenn damit nicht die missionarischen Gelegenheiten gemeint sind, sondern die vielen Gelegenheiten und Ungelegenheiten, in denen Menschen Begleitung und Orientierung und Beheimatung zutiefst benötigen und hoffentlich auch finden.

Wichtig ist dabei allerdings auch, dass gerade in Kirche und Gemeinde nicht die gesellschaftliche Dynamik der Gruppeninteressen nochmals dupliziert wird. Die entsprechenden Milieustudien mögen es zwar nahelegen, einzelne zielgruppenorientierte und milieuspezifische Angebote zu entwickeln.[211] Gleichwohl wäre es sowohl aus theologischen wie aus kirchentheoretischen Gründen hoch problematisch, wenn sich Kirche am Ende in lauter kleine Interessen- und Bedürfnisvereine und innergemeindliche Teilöffentlichkeiten auseinanderdividieren würde – abgesehen davon, dass dies der paulinischen

209 Vgl. *Frey*, Die Ausbreitung des frühen Christentums, 107.
210 *Freudenberg*, Reformierte Theologie, 245.
211 Vgl. dazu etwa *Ebertz/Hunstig* (Hg.), Hinaus ins Weite.

Vision von Gemeinde in erheblicher Weise widerspräche. Ein je gemeinsames Verständnis von Kirche kann weder dadurch gewonnen werden, dass Individualität verhindert noch dadurch dass sie verabsolutiert würde. Schon gar nicht sind es bestimmte zeitlose Baupläne oder Blaupausen, nach denen Gemeinde ein für alle Mal konstruiert werden könnte. Sondern entscheidend ist «die hoffnungsvolle Suche nach jenem tragenden Grund, auf dem und durch den die Gemeinschaft der Glaubenden zur Glaubensgemeinschaft verwandelt wird».[212]

Von diesen grundsätzlichen Bemerkungen zu einem sachgemäßen theologischen Verständnis von Gemeinde aus sollen abschließend nochmals Verbindungen zur zivilgesellschaftlichen Grundaufgabe gezogen werden – und dies nun in besonderer Hinsicht auf die zukünftige Orientierung ehrenamtlichen und freiwilligen Handelns.

5. Freiwilliges Engagement in der gemeindlichen Öffentlichkeit

Die Förderung des freiwilligen Engagements stellt eine der wesentlichen gesellschaftspolitischen Herausforderungen der Gegenwart dar. Angesichts des finanziell bedingten, weiter voranschreitenden Rückgangs staatlicher Aktivitäten werden sich die gesellschaftlich bedeutsamen und notwendigen Hilfsmaßnahmen schon jetzt und zukünftig nur noch durch einen erheblichen Ausbau freiwilliger Unterstützungsleistungen und -strukturen bewerkstelligen lassen. Damit verlagern sich politisch relevante Verantwortlichkeiten mehr und mehr auf die lokale Ebene, so dass hier zum einen die konkreten Zuständigkeiten jeweils neu auszuhandeln sind, zum anderen aber auch neue Möglichkeiten für ein demokratisches Handeln vor Ort entstehen.

Auf den ersten Blick stellt der Bezug freiwilligen Handelns zum christlichen Glauben und auch zur Institution Kirche keine wesentliche Richtgröße dar. Es ist sogar im Gegenteil erfahrungsgemäß immer wieder damit zu rechnen, dass manche Freiwillige ihr Handeln bewusst von einer Aktivität für die Kirche als Großinstitution im engeren Sinn unterschieden sehen wollen.

Auf der anderen Seite hingegen wird Kirche und Religion zugeschrieben, dass sie «vermehrt in der Lage sind, öffentlich Aktive als Engagierte langfristig zu binden»[213], was auch auf den ethischen und religiösen Grad an Verbindlichkeit zurückgeführt wird. Im Selbstverständnis der Aktiven ist zudem die Perspektive eines bürgerschaftlichen Engagements durchaus vorhan-

---

212 *Kunz-Herzog*, Theorie des Gemeindeaufbaus, 379.
213 *Hauptbericht des Freiwilligensurveys 2009*, 69.

den,[214] insofern die betonte Gemeinwohlorientierung bei 44 Prozent der in Kirche und Religionsgemeinschaften Aktiven vergleichsweise hoch ausfällt.[215] So stellt etwa der zweite schweizerische Freiwilligen-Monitor fest, dass die konfessionelle Zugehörigkeit einen positiven Einfluss auf die Ausübung eines formellen freiwilligen Engagements hat: Protestanten engagieren sich häufiger als Katholiken, diese wiederum häufiger als Konfessionslose.[216] Auch die Motivstruktur «Glauben» spielt eine nicht zu unterschätzende Rolle für die Ausübung eines freiwilligen Engagements: Für 25 Prozent der formell Engagierten und für 28 Prozent der informell Engagierten stellt dies ein wichtiges Motiv für ihr Engagement dar.[217] Damit stellt sich aber die Frage, in welcher Weise freiwilliges Handeln mit dem Aspekt persönlichen christlichen Glaubens und einem konkreten Gemeindeengagement verbunden werden könnte.

Natürlich soll weder argumentiert werden, dass individuelles Engagement notwendigerweise in so etwas wie einem gefestigten, gar etwa einem eindeutig konfessionell ausgewiesenen Glauben begründet sein muss, noch sei gar die These vertreten, dass ein solches Handeln im engeren missionarischen Sinn auf eine kirchliche Rekrutierungsstrategie ausgerichtet sein darf.

Allerdings ist doch zu fragen, ob nicht mindestens das Anliegen der Bezugnahme auf christliche Glaubensgehalte und -traditionen zur Sache eines solchen Engagements sinnvollerweise hinzugehört. Dabei kann es nicht darum gehen, einen festen Glaubenskanon zu übernehmen, sondern «lediglich» darum, Freiwillige zu motivieren, sich mit den eigenen Glaubensfragen möglichst intensiv und eigenständig auseinanderzusetzen. Die Bereitschaft zu einer solchen Reflexion sollte auch bei denjenigen Freiwilligen nicht unterschätzt werden, die sich davon auf den ersten Blick mehr oder weniger deutlich zu distanzieren scheinen.

Zudem ist es sinnvoll, dass Einrichtungsverantwortliche auch Möglichkeiten schaffen, durch die Engagierte sich gemeinsam mit dieser Dimension der eigenen Handlungsmotivation auseinandersetzen können. Es geht hier folglich um eine Art der partizipativen Verständigung darüber, was die Einzelnen und eine mögliche Gesamtgruppe in ihrem Engagement trägt und von welchen christlichen Leitbildern und Geschichten sie in inhaltlicher Hinsicht motiviert sind. Zu dieser gemeinsamen Verständigung können im Übrigen auch gemeinsame spirituelle Erfahrungen gehören, wie überhaupt das gemein-

---

214 Ebd., 114.
215 Ebd., 123.
216 Vgl. *Stadelmann-Steffen u.a.*, Freiwilligen-Monitor 2010, 66f.
217 Ebd., 88.

schaftliche geistliche Feiern und Ritual als eine wesentliche Orientierungs-größe verstanden werden kann. Dementsprechend heißt es in einer öffentlichen Erklärung Ehrenamtlicher zum eigenen Engagement in Kirche und Gesell-schaft: «In einer Kirche, die sich wandeln möchte, braucht es den Perspektiv-wechsel auf die ehrenamtlich Engagierten und ihre geistlichen Erfahrungen und Begabungen. Menschen mit spiritueller Offenheit im ehrenamtlichen En-gagement können Horizonte erweitern, Zugänge eröffnen und Brücken schla-gen über Abgrenzungen hinweg, die den Blick auf Christus, die gemeinsame Quelle des Seins, verstellen. In einer Kirche, die wachsen will, braucht es Räume der Begegnung und Begleitung, in denen alle Menschen in ihrem Glauben wachsen können. In einer Kirche, die den Zugang zu den Menschen will, braucht es Räume, in denen gemeinsam nach Worten des Glaubens und nach Glaubenserfahrung gesucht werden kann.»[218]

So lebt freiwilliges Handeln gerade auch in geistlichem Sinn von der Beteiligung der Mitarbeitenden bzw. vom geistlichen Miteinander des Pries-tertums aller Gläubigen. Eine solche innere Haltung der Freiwilligen kann schließlich auch für die hauptamtlich Tätigen zu einer wichtigen Inspira-tionsquelle für ihre eigene Arbeit werden und somit überhaupt beide Akteurs-gruppen im konkreten Fall wieder näher zusammenbringen – immerhin be-richten Freiwillige in Kirchen und Religionsgemeinschaften in 75 Prozent der Fälle, dass hauptamtliches Personal vorhanden sei.[219]

Grundsätzlich gilt dabei: Will Gemeinde auch weiterhin lokale öffentliche Präsenz zeigen[220], muss sie mehr und mehr zu einer Kirche der freiwillig Engagierten werden. Gerade im Rahmen eines solchen zivilgesellschaftlichen Engagements kann innerhalb der Kirche erfahren werden, was es heißt, sich für den schutzlosen Anderen um seiner grundsätzlichen Anerkennung und Annahme willen einzusetzen. Zudem gilt gerade für die Gemeinde als öf-fentliche Institution vor Ort, dass sie in erheblichem Maß von personaler Erkennbarkeit und stimmigen Vollzügen lebt und von daher auch durch ein solches partizipationsoffenes Erscheinungsbild ihre öffentliche Präsenz plau-sibilisiert.

---

218 http://wir-engagieren-uns.org/Download/2011/ErgebnisseForen_Ehrenamtstagung2011.pdf [Stand: 12.3.2012]
219 Vgl. *Hauptbericht des Freiwilligensurveys 2009*, 29; als Orientierung für eine bessere Zu-sammenarbeit vgl. die Arbeitshilfe von *Brendel*, Freiwilliges Engagement im Diakonischen Werk in Hessen und Nassau.
220 Vgl. die Ausführungen zu den Ergebnissen des 2. Freiwilligensurveys von *Grosse*, Frei-williges Engagement in der Kirche.

Gerade in dieser helfenden und mitmenschlichen Dimension kommt Gemeinde als öffentliche Kirche für andere mit der Option für die Armen und Schwachen der Gesellschaft im wahrsten Sinn des Wortes zum Vorschein. In dieser Hinsicht «mündiger Verantwortlichkeit»[221] erlangt Kirche ihr Antlitz von Menschenwürde und Barmherzigkeit und öffnet zugleich ihre Aktivitäten für echte Mitbestimmung und Mitgestaltung lebendiger Beziehungen. Nebenbei sei hier nur darauf hingewiesen, dass der Aspekt erlebbarer Beziehungen nach wie vor eines der wesentlichsten Motive hinsichtlich eines möglichen oder bereits erfolgten Kirchenaustrittes darstellt, was in konstruktivem Sinn zu denken geben sollte[222].

Kirchliches Engagement wird hier möglicherweise sogar zum niedrigschwelligen Begegnungseinstieg mit Kirche oder gar zum Neueinstieg – wobei natürlich grundsätzlich gilt, dass diakonisches Handeln nicht für ein solches kirchliches Rekrutierungsinteresse verzweckt werden darf.

Gerechtfertigt ist die Bezeichnung einer öffentlichen Kirche aber auch dadurch, dass eine sich so sichtbar engagierende Kirche auf spezifische und profilierte Weise zum Gemeinwohl selbst beizutragen vermag. Als ein wichtiger zivilgesellschaftlicher Akteur erweist sie sich dann, wenn gerade ihr spezifisches Freiwilligkeitspotential als eine unverzichtbare Größe im lokalen und globalen Sozialraum erlebt wird.

Eine implizite Integrationswirkung freiwilligen Handelns liegt darin, «neue Freiwillige»[223] mit ihren stark individuellen Interessen und Ansprüchen aus möglichst vielen Milieus und mit unterschiedlichsten sozialen und Bildungshintergründen zu gewinnen.[224] Grundsätzlich gilt gerade für die jungen neuen Freiwilligen: «Engagierte Jugendliche wollen [...] gemeinsam mit anderen etwas für sich und andere tun, das sinnvoll ist und zugleich Spaß macht.»[225]

Hier sind in jüngster Zeit gerade für benachteiligte Jugendliche bereits Möglichkeiten geschaffen worden, um deren oftmals nur begrenzte und doch vorhandene Potentiale und Interessen bei der Ausgestaltung von Projekten und Angeboten aktiv zu berücksichtigen. In diesem Sinn kann von einer mehrfachen Empowerment-Funktion freiwilligen Handelns gesprochen werden: Es soll und kann die freiwilligen Akteure selbst dafür kompetent machen, ihre eigenen Ressourcen aktiv in solche Prozesse einzubringen und

---

221 Vgl. *Busch*, Reformiert, 44.

222 Vgl. dazu auch *Hermelink*, Die Vielfalt der Mitgliedschaftsverhältnisse.

223 Vgl. *Kausch*, Freiwilligkeit und Freiwilligenarbeit in den Kirchen. 126.

224 Vgl. zu den grundsätzlichen Ressourcen und Möglichkeiten *Picot*, Jugend in der Zivilgesellschaft.

225 Vgl. *Düx u. a.*, Kompetenzerwerb, 46.

damit zugleich auf ganz persönliche Weise ein Anerkanntwerden und das Gefühl von Zugehörigkeit zu erleben. Eine solche Erfahrung stellt einen kaum zu überschätzenden Beitrag zur gegenwärtig viel beschworenen Bildungs- und Teilhabegerechtigkeit dar.

Nebenbei bemerkt wird nicht zuletzt auch auf die Akteure in den Kirchengemeinden zukünftig die Herausforderung zukommen, Personen mit ganz anderen weltanschaulichen und religiösen Hintergründen aktiv in die eigenen Einrichtungen und deren Leitvorstellungen einzubeziehen. Insofern muss die Ermutigung und Bildung zu freiwilligem Engagement im gemeindlichen Kontext auch die interreligiöse Dimension stärker als bis dato mit umfassen, will sie der realen Pluralität ihrer Akteure wie ihrer Klienten gerecht werden.

So ist gerade in einem weiten religionspluralen Sinn die Einsicht stark zu machen, dass «die kirchliche Institution jene Vermittlung von Tradition und Offenheit zu gewährleisten [vermag], welche der individuellen Frömmigkeit gleichermaßen Raum eröffnet und Schutz bietet».[226]

Angesichts der weiter steigenden Mobilitätsdynamiken wird es auch darauf ankommen, Menschen zukünftig für ein stärker punktuelles Engagement zu gewinnen, da die Bereitschaft zu einer kontinuierlichen und längerfristigen, verbindlichem Tätigkeit weiter abnehmen wird. Attraktiv wird dies aber in aller Regel nur dann sein, wenn die angesprochenen Personen für sich den festen Eindruck gewinnen können, dass ihnen ein solches Engagement sowohl für ihre persönliche wie auch für ihre berufliche Weiterentwicklung tatsächlich nachweisbar von Nutzen ist[227].

Freiwilliges Handeln kann als alltags- und sozialraumbezogene Praxis durch seinen Einübungscharakter hinsichtlich Partizipation und Mitbestimmung dazu beitragen, dass hier zivilgesellschaftlich bedeutende Kompetenzen für die Integration in lokal oder global ausgerichtete Verantwortungsräume erworben werden können. Insofern ist es durchaus legitim, ein solches freiwilliges Handeln auch als Bildung zukünftiger demokratischer Verantwortungseliten zu verstehen[228] – oder wie das Impulspapier der EKD festhält: «Protestantische Eliten […] sind ein Segen für die Kirche wie für die Gesellschaft; sie sollten in ihrem Einsatz und ihrer Beziehung zur evangelischen Kirche bewusst gefördert werden.»[229]

---

226 Laube, Die Kirche als «Institution der Freiheit», 155.
227 Vgl. dazu immer noch grundsätzlich und anregend die Beiträge in *Sturzenecker* (Hg.), Freiwillige fördern.
228 Vgl. Schlag, *Wie demokratieförderlich ist evangelische Bildung?*
229 *Kirchenamt der EKD* (Hg.), Kirche der Freiheit, 80.

Schließlich kann die integrative Kraft diakonischen freiwilligen Handelns auch in der Schaffung von lokalen zivilgesellschaftlichen Netzwerkstrukturen gesehen werden, die subsidiär wesentliche Aufgaben in lokalen politischen wie kirchlichen Arbeitsfeldern übernehmen – all dies in der Hoffnung, dass eine solche öffentlich erkennbare Gemeinwesenarbeit zugleich den Gemeinsinn unter den beteiligten Akteuren maßgeblich fördern kann. Möglicherweise, auch wenn dies noch demokratietheoretische Zukunftsmusik sein mag, können solche lokalen zivilgesellschaftlichen Aktivitäten und Strukturen vor Ort eine Art zivildemokratischer *grassroots*-Bewegung noch einmal ganz neu zum Leben erwecken. Insgesamt jedenfalls gilt: «Der Heilszusage Gottes entspricht diakonisches Handeln, wenn es spirituell fundiert sowie interdisziplinär-politisch ausgerichtet ist und im Handeln Solidarität als Mitleidenschaftlichkeit (*compassion*) zum Vorschein kommt.»[230]

Auf der Basis einer Kirche, die sich zunehmend mit einer eigenen Binnenpluralität als gesellschaftliche Kraft undifferenzierter und für die Menschen als schwerer wahrnehmbar darstellt, gewinnt ihre Organisationsseite den Charakter eines Netzwerkes, in dem es zur Ausbildung einer Vielzahl an eigenen Sozialformen kommen kann: «Ihre Leitaufgabe heißt dann nicht: Wie gewinne ich Mitglieder, sondern – partnerzentriert formuliert – wie muß Gemeinde und Kirche als Teil des Netzwerkes so gestaltet werden, daß sie eine nährende und förderliche Umgebung, ein Nährboden oder eine Brunnenstube für Glaubensentwicklungen sein kann.»[231] Insofern können in dieser Netzwerkrolle gerade die institutionelle und die organisatorische Dimension von Kirche in ein produktives Wechselspiel zueinander kommen: Denn die lokalen Gemeinden tragen selbst das Potential und auch die Verantwortung in sich, zu *connected associations* zu werden, die beharrlich versuchen, «zwischen den verschiedensten zivilgesellschaftlichen Akteuren Brücken zu bauen, um die Kräfte für die Angelegenheiten der *res publica* zu stärken»[232]. Wird freiwillige Präsenz in dieser vielfältigen Weise öffentlich, dann manifestiert sich darin die Hoffnung, dass öffentliche Gemeinde im Horizont der Nächstenliebe weit über den engen kirchlichen Bereich hinaus einen wesentlichen Beitrag für die Gesellschaft zu leisten vermag: Kirche stellt damit theologisch gesehen «den Einspruch Jesu gegen die Selbstzerstörung des

---

230 *Schlag*, «Sola effectiva»?, 276; vgl. zum Aspekt einer gesellschaftlichen und politischen Diakonie, mit dem aber erstaunlicherweise gerade das theologische Profil einer christlich gegründeten Diakonie zur Disposition gestellt wird, jetzt auch *Rüegger/Sigrist*, Diakonie – eine Einführung.
231 *Lindner*, Kirche am Ort, 43.
232 *Fischer*, Kirche und Zivilgesellschaft, 121.

Menschen auf Dauer» dar, um diesen lebensrettenden Widerspruch «hörbar, verbindlich, praktizierbar»[233] zu machen.

Damit könnte dann zugleich in neuer Weise die notwendige flächendeckende Präsenz von Volkskirche[234] sozusagen auch durch externe Akteure manifest werden, natürlich nur unter der Voraussetzung, dass die jeweiligen Netzwerk- und Kooperationspartner dies selbst nicht als übergriffig und funktionalisierend empfinden.

Diese Form des öffentlichen Engagements ist folglich eine der einleuchtendsten und anschaulichsten Überzeugungsformen im Rahmen gegenwärtiger Gemeindeentwicklungsdiskussionen, bis hin zur Frage einer subjekt- und gegenwartssensiblen Mission. Es sei an dieser Stelle nur daran erinnert, dass die gegenwärtig energiereiche englische Kirchenreformbewegung der sogenannten *fresh expressions* gerade auf den unmittelbaren Zusammenhang von kirchlichem und freiwilligem Handeln im Sozialraum vor Ort beruht.[235]

D. h. dass Kirche ihre öffentliche Sozialgestalt durch ihre vielfältige örtliche Präsenz gewinnt – und dies deutlich über die Bezogenheit auf eine vermeintliche Kerngemeinde hinaus: Insofern ist einem Leitideal, wie dem folgenden aus englischem Kontext unmittelbar zuzustimmen, wenn es hier heißt: «Gesunde Gemeinden sind eher nach außen als nach innen gerichtet. Sie sind sehr wach, wenn es um ihr soziales Umfeld geht. Sie sind leidenschaftlich mit anderen zusammen engagiert, wenn es um Gerechtigkeit und Frieden geht, und zwar lokal wie global. Und sie engagieren sich in konkreten Projekten für ihr Umfeld»[236].

Bei aller Problematik des Begriffs von «healthy churches» ließe man sich ein solches Programm «mit Herz und Mund und Händen» mit einem gewissen missionarischen Anspruch und Impetus durchaus gefallen – und gegebenenfalls sogar das Leitbild einer demonstrativ provokativen Kirche.[237]

Grundsätzlich ist jedenfalls auch über die genannten Handlungsfelder hinaus zu betonen, dass eine zukünftige Kirchenreformdebatte sowohl nach innen wie nach außen hin nicht primär die Defizite kirchlicher Praxis, sondern das bereits immer schon gut Gelingende mit in den Blick zu nehmen hat: «Kasual- und Gottesdienstpraxis sowie die schon jetzt vorhandenen nachhaltigen Wirkungen der Seelsorge- und Bildungsarbeit, der alltäglichen Begeg-

---

233 *Lange*, Chancen des Alltags, 199f.
234 *Preul*, Kirchentheorie, 185.
235 Vgl. dazu die orientierende Übersicht von *Härtner*, Neue Ausdrucksformen von Gemeinde.
236 *Warren*, The Healthy Churches' Handbook, 22–25, zit. bei *Herbst*, Deine Gemeinde komme, 120.
237 Vgl. *Tomlin*, The Provocative Church.

nungs- und Beteiligungspraxis sowie der faktischen Beziehungsvielfalt im kirchengemeindlichen Kontext sind deshalb weit intensiver als bisher zu würdigen und als Best-Practice-Angebote zu kommunizieren.»[238] In kybernetischem Sinn sind zudem alle Zentralisierungs-, Konzentrations- und Steuerungsabsichten mit dem Ziel, eine kirchliche Wachstumsdynamik von kirchenleitender – und nicht von gemeindeleitender – Stelle her verordnen zu wollen, prinzipiell kritisch zu betrachten.[239]

Die stärksten und überzeugendsten neueren Formulierungen finden sich meines Erachtens in den sogenannten Bonner Thesen von 2005, in denen ganz zu Recht festgehalten wird: «Mission weiter denken heißt, Auskunftsfähigkeit über den christlichen Glauben und Ausdrucksfähigkeit des Glaubens als Zeichen missionarischer Kompetenz für die Verhältnisse unserer pluralen Volkskirche zu beschreiben. Mission will nicht überreden, sondern überzeugen, wovon das eigene Herz voll ist. Sie respektiert die Vielfalt menschlicher Lebens- und Glaubensgeschichten und sieht in deren Pluralität eine Chance». Dabei wird zugleich der prinzipiell offene und unverfügbare Charakter dieser Dynamik betont: «Mission weiter denken heißt, die Erfahrung zu würdigen, dass der christliche Glaube prozesshaft ist, fragmentarisch bleibt und auch scheitern kann». Schließlich ist eine theologisch sachgemäße wie menschengemäße Form missionarischen Handelns nur unter der unbedingten Voraussetzung verantwortlicher und verantworteter Freiheit denkbar oder wie es in den Thesen abschließend heißt: Mission «ist offen dafür, von ihrem Gegenüber etwas zu lernen, was den eigenen Glauben bereichert. Sie ermutigt Menschen zu einem eigenen kulturellen Ausdruck ihres Glaubens. [...] Sie geht nicht an Bewusstsein und kritischer Reflexion vorbei und will eine nachhaltige Mission mit Qualität sein.»[240]

Die praktisch-theologische Beförderung zivilgesellschaftlicher Deutungskompetenz Ehrenamtlicher im Licht des missionarischen Grundauftrags von Kirche steht damit nicht nur in der fernen, sondern in der bereits intensiv erlebbaren Perspektive christlicher Hoffnung, dass diese in Christus schon jetzt zu Bürgern des Reiches Gottes und zugleich schon hier mit ihrer «freien Geistesmacht» zur kritischen Mündigkeit in der Welt berufen sind.

---

238 *Schlag*, Wachstum in der wachsenden Kirche, 81.
239 Ebd., 82.
240 *Eckert u.a.*, Mission weiter denken, 93.

VI. Öffentliche Praktische Theologie als Wissenschaft

Die Ausdifferenzierung innerhalb der Praktischen Theologie zeigt, wie stark gerade diese Disziplin von den Dynamiken individueller und gemeinschaftlicher Orientierungspraxis und deren Deutung geprägt ist: Predigt- und Gottesdienstlehre, Seelsorge, Liturgik, Religionspädagogik, Diakoniewissenschaft, Kybernetik und Pastoraltheologie vergegenständlichen auf je eigene Weise die unterschiedlichen Facetten kirchlichen und gesellschaftlichen Lebens und damit auch das Potential öffentlicher Begegnungserfahrungen im kirchlichen Kontext.

Dabei setzt sich die Praktische Theologie als theologische Teildisziplin davon ab, im Sinn einer bloßen Anwendungswissenschaft für eine bestimmte kirchliche Praxis funktionalisiert oder auf ein berufsorientiertes Ausbildungsangebot reduziert zu werden: Die Frage des konkreten Praxistransfers steht somit immer erst an zweiter Stelle praktisch-theologischer Aktivitäten. Die erste Funktion der Theologie für kirchliches und kirchenleitendes Handeln besteht vielmehr darin, «dass sie die Handlungssituationen hinsichtlich ihrer Themen und Probleme so zu beschreiben vermag, dass diese in ihrem weiteren Zusammenhang erkennbar werden», und somit überhaupt erst einmal «Distanzierungen von Unmittelbarkeiten, von Selbstverständlichkeiten und von lediglich Intuitivem»[241] möglich werden.

Zuallererst zeichnet sich ein sachgemäßes Studium der wissenschaftlichen Praktischen Theologie dadurch aus, dass in ihm die unterschiedlichen Aufgabendimensionen in der Perspektive von Freiheit, Verantwortung und Hoffnung miteinander zum Vorschein kommen und gemeinsam im Modus der Analyse und nachdenkenden Interpretation bearbeitet werden. Vor dem Horizont einer eminent öffentlichen Deutungsaufgabe hat es die Praktische Theologie hier mit der unaufgeregten Analyse gegenwärtiger Phänomene christlich gelebter Religion im öffentlichen Kontext zu tun. Dabei wird durch die Wissenschaft selbst sowohl das Prinzip der religiösen Authentizität wie das der rationalen Kommunizierbarkeit vertreten.[242] Man kann folglich der universitären Praktischen Theologie an der Schnittstelle von Religionsfreiheit und Wissenschaftsfreiheit inmitten der gegenwärtigen Dynamiken die Aufgabe zuschreiben, hermeneutische Urteilsbildung und theologische Deutungskompetenz zugunsten einer lebensdienlichen Religionspraxis zu befördern.

---

241 *Albrecht*, «Religiöses Interesse» und «wissenschaftlicher Geist», 132f.
242 Vgl. *Schwöbel*, Wissenschaftliche Theologie 74ff. und *ders.*, Arbeit am Orientierungswissen.

Zugleich steht sie vor der Herausforderung, die aktuellen gesellschaftlichen Diskurse so differenziert wie möglich in die Ausbildung der zukünftigen Theologinnen und Theologen einfließen zu lassen. Eine pluralitätsoffene Praktische Theologie kann sich damit unter Maßgabe des dialogischen Imperativs, methodischer Transparenz und kommunikativer Plausibilisierung[243] selbst als eine zivilisierende Größe erweisen. Dies bedeutet dann aber auch, sich als Praktische Theologie die Orientierung an den Grundanliegen einer kontextuellen *public theology* zu eigen zu machen – und dies nicht, indem sie ihre Deutungen primär auf die Kontexte, sondern eben auf die in und von diesen Kontexten Marginalisierten und Diskriminierten – die Schwachen in einem weiten Sinn, richtet. Es geht darum, «sich mit den konkreten Menschen und ihren konkreten Nöten so zu befassen, dass diesen selbst eine Stimme verliehen wird».[244]

Schließlich und damit zusammenhängend liegt eine der Kernaufgaben der praktisch-theologischen Ausbildung darin, intensiv und eindeutig gegen alle theologischen Simplifizierungsversuche anzugehen und es überhaupt zu vermeiden, dass theologische Artikulation und kirchliche Praxis am Ende in gesellschaftspolitischer Reformrhetorik und -symbolik aufgehen. Das eigentliche Profil öffentlicher Theologie und Kirche wird sich jedenfalls nur in der ganz eigenen theologisch grundierten Sprachgestalt und Praxisform manifestieren und plausibilisieren lassen können. Pluralitätsfeindliche Vereinfacher haben am Ort einer staatlichen Universität ebenso wenig Platz wie in einer Kirche, die für sich eine Zukunftsrelevanz inmitten der pluralen Gesellschaft beansprucht.

Dabei ist der Mut gefragt, theologisch radikal zu denken[245], um so die Wahrheits- und Gerechtigkeitsfrage selbstbewusst mit ins Spiel zu bringen und mindestens offen zu halten[246]. In anderen Worten ausgedrückt: Wissenschaftliche Theologie «kann verdeutlichen, dass es zum Wohle des Menschen ist, wenn sich die Wissenschaft soteriologischer Ambitionen enthält und dass es legitim ist, auch dann noch Fragen zu stellen, wenn es keine Antworten auf sie gibt».[247] Und dass dabei die Fragen eben nicht nur von einer bestimmten theologischen Elite gestellt und bearbeitet werden können, macht die *öffentliche Theologie* der und in der *öffentlichen Kirche* wesentlich aus: «Von der Pneumatologie her ist Praktische Theologie grundsätzlich Laientheologie

---

243 Vgl. *Schwöbel*, Wissenschaftliche Theologie, 65.
244 *Dalferth*, Kontextuelle Theologie, 37.
245 Vgl. *Dalferth*, Radikale Theologie.
246 Vgl. *Grethlein*, Wahrheitskommunikation in der Wissenschaft, 53f.
247 *Beintker*, Was kann die heutige Universität von der Theologie erwarten?, 40.

[...] Praktische Theologie hat Pfarrer auszubilden; aber Praktische Theologie kann nicht Pastoraltheologie bleiben, sie muss Laientheologie werden»[248]. In einer solchen gelingenden Kommunikation verbinden sich dann im besten Fall die gesellschaftspolitische und spirituelle, reflektierende und ästhetische Dimension der einzelnen und gemeinsamen Glaubenswege miteinander oder um es nochmals zugegebenermaßen etwas pathetisch zu sagen: «Gott wird in den Laien schön.»[249]

Von daher steht und fällt eine *öffentliche praktische Theologie*, die sich mit den gegenwärtigen Herausforderungen des kirchlichen und gesellschaftlichen Lebens auseinanderzusetzen bestrebt ist, damit, sich klar zu machen, worauf sie sich in ihrem Bemühen fundamental zu beziehen hat: Würde sie entweder die weltlichen Gegebenheiten selbst zum Ausgangspunkt ihrer Überlegungen machen oder aber primär von ihrem eigenen Anliegen ausgehen, die theologische Tradition in die Welt hinein zu vermitteln, käme das Wesentliche, nämlich die theologische Sache der Präsenz Gottes in der Welt und bei den Menschen entscheidend zu kurz: «Nicht das theologische Anliegen konstituiert den Kontext und nicht der Kontext das theologische Anliegen, sondern Gottes Selbstvergegenwärtigung schafft sich im Leben von Menschen einen Kontext, der theologisches Denken und Handeln dazu provoziert, zwischen dem gottwidrigen Alten und dem Gott entsprechenden Neuen kritisch zu differenzieren.»[250]

Auf die bisherigen kirchentheoretischen Überlegungen hin orientiert, macht dies die praktisch-theologische Kunst öffentlich, «gegenüber allen dogmatischen Überlastungstendenzen die heilvolle Selbstunterscheidung der Kirche von ihrem Grund in Christus zur Geltung zu bringen»[251]. Von daher kann eine öffentliche Praktische Theologie wie überhaupt die Theologie als Wissenschaft im Kontext akademischer, gesellschaftlicher und kirchlicher Öffentlichkeit aus guten Gründen wieder deutlich und entschieden politischer, artikulationsfähiger, überlebenswilliger[252] und visionärer werden.

---

248 *Bohren*, Dass Gott schön werde, 189.
249 Ebd.
250 *Dalferth*, Kontextuelle Theologie, 43.
251 *Laube*, Die Kirche als «Institution der Freiheit», 139.
252 Vgl. *Gauck*, Fürchtet euch nicht, 51.

Literaturverzeichnis

Adam, G. u. a. (Hg.), Unterwegs zu einer Kultur des Helfens. Handbuch des diakonisch-sozialen Lernens. Stuttgart 2006.

Albrecht, C., «Religiöses Interesse» und «wissenschaftlicher Geist». Zur Grundlage von Schleiermachers Theologiebegriff und ihren Implikationen, in: J. Schröter (Hg.), Die Rolle der Theologie in Universität, Gesellschaft und Kirche. Leipzig 2012, 121–134.

Anhelm, F. A., Die Zivilgesellschaft und die Kirchen Europas, in: www.loccum.de/material/kirche/kirche-europa.pdf [Stand: 5.3.2012].

Apel, H., Volkskirche ohne Volk. Der Niedergang der Landeskirchen. Gießen 32004.

Badura, H./Europäische Akademie für Lebensforschung, Integration und Zivilgesellschaft (Hg.), Atheismen und Säkularisierung oder Wie religiös sind noch die Bürgergesellschaften Europas? Krems 2007.

Barber, B., Amerika, Du hasst es besser, in: Süddeutsche Zeitung vom 4./5. Dezember 2010.

Bartels, M./Reppenhagen (Hg.), Gemeindepflanzung – ein Modell für die Kirche der Zukunft? Neukirchen-Vluyn 2006.

Beck, H./Schmidt, H. (Hg.), Bildung als diakonische Aufgabe. Befähigung – Teilhabe – Gerechtigkeit. Stuttgart 2008.

Beckmann, J., Wohin steuert die Kirche? Die evangelischen Landeskirchen zwischen Ekklesiologie und Ökonomie. Stuttgart 2007.

Bedford-Strohm, H., Öffentliche Theologie und Kirche, in: www.uni-bamberg.de/fileadmin/uni/fakultaeten/ppp_lehrstuehle/evangelische_theologie_1/pdf_Dateien/OEffentliche_Theologie_und_Kirche_26_7_11.pdf [Stand: 5.3.2012].

Bedford-Strohm, H., Thesen zur öffentlichen Theologie, in: http://www.bayern-evangelisch.de/www/glauben/gedanken-zum-reformationsfest-von-heinrich-bedford-strohm.php [Stand: 5.3.2012].

Beintker, M., Die Einheit des Leibes Christi. Volkskirche – Freiheit ohne Grenze?, in: W. Brändle/R. Stolina (Hg.), Geist u. Kirche. Frankfurt/M. u. a. 1995, 21–42.

Beintker, M., Was kann die heutige Universität von der Theologie erwarten?, in: J. Schröter (Hg.), Die Rolle der Theologie in Universität, Gesellschaft und Kirche. Leipzig 2012, 29–42.

Berger, P. L./Luckmann, T., Modernität, Pluralismus und Sinnkrise. Die Orientierung des modernen Menschen. Gütersloh 1995.

Berger, P. L., Erlösender Glaube? Fragen an das Christentum. Berlin/New York 2006.

Bernhardt, R., Die evangelisch-reformierten Kirchen in der Schweiz: Volkskirche im Übergang, in: M. Baumann/J. Stolz (Hg.), Eine Schweiz – viele Religionen. Risiken und Chancen des Zusammenlebens. Bielefeld 2007, 115–127.

Bernhardt, R., Theologie an der Universität unter Rechtfertigungsdruck. Eine Basler Perspektive, in: U. Nembach (Hg), Informationes Theologiae Europae, Internationales ökumenisches Jahrbuch für Theologie, 14. Jg., Frankfurt/M. 2007, 9–26.

Bertelsmann-Stiftung, Wir brauchen eine öffentliche Theologie für nachhaltige Entwicklung, in: www.bertelsmann-stiftung.de/cps/rde/xchg/bst/hs.xsl/nachrichten_ 100592. htm [Stand: 21.10.2012].

Biehl, P., Zukunft und Hoffnung in religionspädagogischer Perspektive, in: Zukunft und Hoffnung in religionspädagogischer Perspektive, in: JRP 10. Neukirchen-Vluyn 1995, 125–158.

Böhlemann, P./Herbst, M., Geistlich leiten. Ein Handbuch. Göttingen 2011.

Bohren, R., Dass Gott schön werde. Praktische Theologie als theologische Ästhetik. München 1975.

Bonhoeffer, D., Gemeinsames Leben. München [11]1983.

Brendel, U., Freiwilliges Engagement im Diakonischen Werk in Hessen und Nassau. Frankfurt/M. 2008.

Brieskorn, N., Zivilgesellschaft – Chancen und Grenzen eines sozialwissenschaftlich-philosophischen Konzepts, in: J. Inthorn u. a. (Hg.), Zivilgesellschaft auf dem Prüfstand. Argumente – Modelle – Anwendungsfelder. Stuttgart 2005, 2–19.

Bühler, P., Der Mensch vor der Aufgabe ethischer Verantwortung. Anthropologie und Ethik in Luthers Genesisvorlesung, in: H. Junghans, Luthers Ethik. Christliches Leben in ecclesia, oeconomia, politia. Göttingen 2009, 57–76.

Busch, Eberhard, Reformiert. Profil einer Konfession. 2007.

Campiche, R. J., Die zwei Gesichter der Religion. Faszination und Entzauberung. Unter Mitarbeit von R. Broquet, A. Dubach und J. Stolz. Zürich 2004.

Crouch, C., Postdemokratie. Bonn 2008.

Dalferth, I. U., Kontextuelle Theologie in einer globalen Welt, in: T. Flügge u. a. (Hg.), Wo Gottes Wort ist. Die gesellschaftliche Relevanz von Kirche in der pluralen Welt. Festgabe für Thomas Wipf. Zürich 2010, 29–46.

Dalferth, I. U., Radikale Theologie. Leipzig 2010.

Diakonisches Werk Bayern (Hg.), Freiwilliges Engagement – Freiwilligendienste und Ehrenamt in der bayerischen Diakonie. Nürnberg 2004, in: www.diakonie-bayern.de/positionen-der-diakonie/zu-ehrenamt-und-zivilgesellschaftlichem-engagement.html [Stand: 22.2.2012].

Diakonisches Werk der EKD e.V. (Hg.), Wichern-Jahr 2008. Leitsätze. Berlin 2008, in: www.wichern2008.de/Leitsaetze_Wichernjahr_Endf.pdf [Stand: 22.2.2012].

Dietrich-Bonhoeffer-Forschungsstelle für Öffentliche Theologie in Bamberg, in: www.uni-bamberg.de/ev-syst/leistungen/forschung/dbfoet [Stand: 15.3.2011].

Dressler, B., Bildung – Religion – Kompetenz, in: ZPT 56 (2004), 258–263.

Drobinski, M., Der Kirche fehlt Unruhe, in: SZ vom 8. November 2010.

Düx, W. u. a., Kompetenzerwerb im freiwilligen Engagement. Eine empirische Studie zum informellen Lernen im Jugendalter. Wiesbaden [2]2009.

Ebel, E., Die Attraktivität früher christlicher Gemeinden. Tübingen 2004.

Ebeling, G., Theologie und Verkündigung. Ein Gespräch mit Rudolf Bultmann, Tübingen [2]1963.

Ebeling, G., Studium der Theologie. Eine enzyklopädische Orientierung, hg. v. P. Bühler/T. Schlag. Tübingen [2]2011.

Ebertz, M./Hunstig, H.-G. (Hg.), Hinaus ins Weite. Gehversuche einer milieusensiblen Kirche. Würzburg [2]2008.

Eckert S., u. a., Mission weiter denken – Bonner Thesen zur Mission, in: PTh 95 (2006).

Emersleben, L., Kirche und Praktische Theologie. Eine Studie über die Bedeutung des Kirchenbegriffes für die praktische Theologie anhand der Konzeptionen von C. I. Nitzsch, C. A. G. v. Zezschwitz und Fr. Niebergall. Berlin 1999.

Eurich, J./Oelschlägel, J. (Hg.), Diakonie und Bildung. Heinz Schmidt zu 65. Geburtstag. Stuttgart 2008.

Fechtner, K., Späte Zeit der Volkskirche. Praktisch-theologische Erkundungen. Stuttgart 2010.

Finney, J., Wie Gemeinde über sich hinauswächst. Zukunftsfähig evangelisieren im 21. Jahrhundert. Neukirchen-Vluyn 2007.

Fischer, R., Kirche und Zivilgesellschaft. Probleme und Potentiale. Stuttgart 2008.

Frech, S./Juchler, I., (Hg.), Dialoge wagen. Zum Verhältnis von politischer Bildung und Religion. Schwalbach/Ts. 2009.

Freire, P., Erziehung und Hoffnung, in: P. Schreiner u. a. (Hg.), Paulo Freire. Bildung und Hoffnung. Bd. 2. Münster u. a. 2007, 116–122.

Freudenberg, M., Reformierte Theologie. Eine Einführung. Neukirchen-Vluyn 2011.

Frey, J., Die Ausbreitung des frühen Christentums: Perspektiven für die gegenwärtige Praxis der Kirche, in: M. Reppenhagen (Hg.), Kirche zwischen postmoderner Kultur und Evangelium. Neukirchen-Vluyn 2010, 86–112.

Friedrich, U. u. a., Bundesstaat und Religionsgemeinschaften. Überlegungen und Vorschläge für ein zeitgemässes Religionsrecht in der schweizerischen Bundesverfassung. Bern 2003.

Gauck, J., Fürchtet euch nicht. Zum Bildungsauftrag evangelischer Akademien im Osten Deutschlands (1997), in: F. Grubauer/W. Lenz (Hg.), Protestantisch – Weltoffen – Streitbar. Fünfzehn Zeitzeichen anlässlich des 50jährigen Jubiläums der Evangelischen Akademien in Deutschland. Bad Boll 1999, 51–58.

Gerhardt, V., Partizipation. Das Prinzip der Politik. München 2007

Graf, F. W., Kirchendämmerung. Wie die Kirchen unser Vertrauen verspielen. München 2011.

Gramzow, C., Diakonie in der Schule. Theoretische Einordnung und praktische Konsequenzen auf der Grundlage einer Evaluationsstudie. Leipzig 2010.

Grethlein, C., Wahrheitskommunikation in der Wissenschaft. Ein Beitrag der Theologie zum Projekt Universität, in: J. Schröter (Hg.), Die Rolle der Theologie in Universität, Gesellschaft und Kirche. Leipzig 2012, 43–54.

Grözinger, A., Die Kirche – ist sie noch zu retten? Anstiftungen für das Christentum in postmoderner Gesellschaft. Gütersloh 1998.

Große Kracht, H. J., Jenseits laizistischer Militanz. Anmerkungen zum Verhältnis von Zivilgesellschaft, Religionsgemeinschaften und Republik, in: J. Inthorn u. a. (Hg.), Zivilgesellschaft auf dem Prüfstand. Argumente – Modelle – Anwendungsfelder. Stuttgart 2005, 117–130.

Grosse, H. W., Freiwilliges Engagement in der Kirche hat Zukunft – Ergebnisse einer neuen empirischen Studie, Hannover [2]2006.

Grotefeld, S., Religiöse Überzeugungen im liberalen Staat. Protestantische Ethik und die Anforderungen öffentlicher Vernunft. Stuttgart 2006.

Grubauer, F./Lenz, W. (Hg.), Protestantisch – Weltoffen – Streitbar. Fünfzehn Zeitzeichen anlässlich des 50jährigen Jubiläums der Evangelischen Akademien in Deutschland. Bad Boll 1999.

Grümme, B., Religionsunterricht und Politik. Bestandsaufnahme – Grundsatzüberlegungen – Perspektiven für eine politische Dimension des Religionsunterrichts. Stuttgart 2009.

Gundlach, T., Modernisierung der evangelischen Volkskirche, in: PTh 84 (1995), 605–617.

Gundlach, T., Erste Ergebnissicherung, in: Kirchenamt der EKD (Hg.), «Von anderen lernen». Dokumentation des Wokshops «Qualitätsentwicklung von Gottesdiensten». Hannover 2008, 40–41.

Gundlach, T., Zur Zukunft des Pfarrberufs. Der Pfarrberuf auf dem Prüfstand. 29. August 2011 in Zürich, in: http://www.theologie.uzh.ch/faecher/praktisch/ kirchenentwicklung/Tagungsunterlagen/Fachtagung/gundlach.pdf [Stand: 1.3.2012].

Haese, B.-M./Pohl-Patalong, U., Volkskirche als kirchliches Zukunftsmodell, in: dies. (Hg.), Volkskirche weiterdenken. Zukunftsperspektiven der Kirche in einer religiös pluralen Gesellschaft. Stuttgart 2010, 7–16.

Hänni, Beat/Marti, Felix, Kirchgemeinde gemeinsam leiten und entwickeln. Impulse aus Theologie und Organisationsberatung. Luzern 2007.

Härle, W., Wachsen gegen den Trend. Analysen von Gemeinden, mit denen es aufwärtsgeht. Leipzig 2008.

Härtner, A., Neue Ausdrucksformen von Gemeinde als Herausforderung. Emerging Churches and Fresh Expressions of Church im internationalen Kontext, in: W. Haubeck/W. Heinrichs (Hg.), Gemeinde der Zukunft – Zukunft der Gemeinde. Aktuelle Herausforderungen der Ekklesiologie. Witten 2011, 39–80.

Hauptbericht des Freiwilligensurveys 2009. Zivilgesellschaft, soziales Kapital und freiwilliges Engagement in Deutschland 1999 – 2004 – 2009. Ergebnisse der repräsentativen Trenderhebung zu Ehrenamt, Freiwilligenarbeit und Bürgerschaftlichem Engagement, durchgeführt im Auftrag des BMFSFJ. München 2010.

Hauschildt, E., Hybrid evangelische Großkirche vor einem Schub an Organisationswerdung. Anmerkungen zum Impulspapier «Kirche der Freiheit» des Rates der EKD und zur Zukunft der evangelischen Kirche zwischen Kongregationalisierung, Filialisierung und Regionalisierung, in: PTh 96 (2007) 56–66.

Heitmeyer, W. (Hg.), Deutsche Zustände. Folge 10. Frankfurt/M. 2012.

Herbst, M., «Und sie dreht sich doch!» Wie sich die Kirche im 21. Jahrhundert ändern kann und muss. Asslar 2001.

Herbst, M./Ohlemacher, J./Zimmermann, J. (Hg.), Missionarische Perspektiven für eine Kirche der Zukunft. Neukirchen-Vluyn 2005.

Herbst, M., Eine Perspektive der Gemeindeentwicklung in nach-volkskirchlicher Zeit, in: M. Bartels/M. Reppenhagen (Hg.), Gemeindepflanzung – ein Modell für die Kirche der Zukunft? Neukirchen-Vluyn 2006, 36–67.

Herbst, M., Deine Gemeinde komme. Holzgerlingen 2007.

Herbst, M., «Mama, Gott hat dich in die Kirche geschoben!» – Welche Konsequenzen ziehen wir aus der Studie?, in: J. Zimmermann/A.-K. Schröder (Hg.), Wie finden Erwachsene zum Glauben? Einführung und Ergebnisse der Greifswalder Studie. Neukirchen-Vluyn 2010, 169–187.

Hermelink, J., Die Vielfalt der Mitgliedschaftsverhältnisse und die prekären Chancen der kirchlichen Organisation. Ein praktisch-theologischer Ausblick, in: W. Huber/J. Friedrich/P. Steinacker (Hg.), Kirche in der Vielfalt der Lebensbezüge. Die vierte EKD-Erhebung über Kirchenmitgliedschaft. Gütersloh 2006, 417–437.

Hermelink, J., Praktische Theologie und Kirche, in: C. Grethlein/H. Schwier (Hg.), Praktische Theologie. Eine Theorie- und Problemgeschichte. Leipzig 2007, 399–455.

Hermelink, J., Organisation und Institutionalität der Kirche – eine theologische Konfliktanalyse, in: epd-Dokumentation 35/2009, 20–27.

Hermelink, J., Kirche begreifen. Aktuelle Tendenzen und Aufgaben praktisch-theologischer Kirchentheorie, in: ThLZ 135 (2010), 139–154.

Hermelink, J., Kirchliche Organisation und das Jenseits des Glaubens. Eine praktisch-theologische Theorie der evangelischen Kirche. Gütersloh 2011.

Herms, E., Das evangelische Pfarramt als Leitungsamt, in: ders./Schweitzer, F. (Hg.), Führen und Leiten im Pfarramt. Der Beitrag von Theologie und kirchlicher Lehre. Norderstedt 2002, 11–55.

Höffe, O., Ist die Demokratie zukunftsfähig? Über moderne Politik. Bonn 2009.

Hoppe, H./Schneider, A., Lehrstück für den demokratischen Dialog. Geschichte und Perspektiven des Open Forum Davos, in: T. Flügge u. a. (Hg.), Wo Gottes Wort ist. Die gesellschaftliche Relevanz von Kirche in der pluralen Welt. Festgabe für Thomas Wipf. Zürich 2010, 119–128.

Horstmann, M., Das Diakonische entdecken. Didaktische Zugänge zur Diakonie. Heidelberg 2011.

Huber, W. Kirche und Öffentlichkeit. Stuttgart 1973.

Huber, W., Kirche in der Zeitenwende. Gesellschaftlicher Wandel und Erneuerung der Kirche. Gütersloh 1998.

Huber, W., Die Rolle der Kirchen als intermediärer Institutionen in der Gesellschaft (2000), in: www.ekd.de/gesellschaft/huber-v5.html [Stand: 10.3.2012].

Huber, W., Art. Öffentlichkeit und Kirche, in: M. Honecker u. a. (Hg.), Evangelisches Soziallexikon. Neuausgabe. Stuttgart 2001, 1165–1173.

Huber, W./Schröer, H., Art. Volkskirche, in: TRE XXXV. Berlin/New York 2003, 249-262

Huber, W., Gerechtigkeit und Recht. Grundlinien christlicher Rechtsethik. Gütersloh ³2006.

Huber, W./Friedrich, J./Steinacker, P. (Hg.), Kirche in der Vielfalt der Lebensbezüge. Die vierte EKD-Erhebung über Kirchenmitgliedschaft. Gütersloh 2006.

Inthorn, J. (Hg.), Zivilgesellschaft auf dem Prüfstand. Argumente – Modelle – Anwendungsfelder, Stuttgart 2005.

Juergensmeyer, M. (Hg.), Religion in Global Civil Society. Oxford 2005.

Karle, I., Kirche im Reformstress. Gütersloh 2010.

Käßmann, M., Fantasie für den Frieden oder: Selig sind, die Frieden stiften. Frankfurt/M. 2010.

Kausch, H., Freiwilligkeit und Freiwilligenarbeit in den Kirchen. Ideeller Anspruch und reale Bedeutung – ein Beitrag aus der Praxis kirchlicher Freiwilligenarbeit, in: H. Ammann u. a. (Hg.), Freiwilligkeit. Ursprünge, Erscheinungsformen, Perspektiven, Zürich 2008, 114–136.

Kim, S., Editorial, in: International Journal of Public Theology 1 (2007), 1–4.

Kirchenamt der EKD (Hg.), Kirche der Freiheit. Perspektiven für die evangelische Kirche im 21. Jahrhundert. Ein Impulspapier des Rates der EKD. Hannover 2006.

Kirchenamt der EKD (Hg.), Die Bedeutung der wissenschaftlichen Theologie für Kirche, Hochschule und Gesellschaft. Dokumentation der XIV. Konsultation «Kirchenleitung und wissenschaftliche Theologie». Hannover 2007.

Kirchenamt der EKD (Hg.), Die Bedeutung der wissenschaftlichen Theologie in Gesellschaft, Universität und Kirche, Ein Beitrag der Kammer der EKD für Theologie. Hannover 2009.

Kirchenordnung der Evangelisch-reformierten Landeskirche des Kantons Zürich, vom 17. März 2009.

Klingen, H., Gefährdete Öffentlichkeit. Zur Verhältnisbestimmung von Politischer Theologie und medialer Öffentlichkeit. Berlin 2008.

Klostermann, G., Öffentlichkeitsanspruch der Kirche, in: Evangelisches Staatslexikon. Stuttgart 2006, 1661–1663.

Koerrenz, R., Reformation – Protestantismus – Bildung. Martin Luther als Referenzpunkt protestantischer Bildungstradition, in: ders./H. Schluß, Reformatorische Ausgangspunkte protestantischer Bildung. Orientierungen an Martin Luther. Jena 2011, 31–71.

Koopman, N., Reformed Theology in South Africa: Black? Liberating? Public?, in: Journal of Reformed Theology 1 (2007), 294–306.

Korsch, D., Martin Luther. Eine Einführung. Tübingen [2]2007.

Körtner, U. H. J, Kirche, Demokratie und Zivilgesellschaft. Zur politischen Ethik im modernen Pluralismus, in: ders. (Hg.), Kirche – Demokratie – Öffentlichkeit. Ort und Auftrag der Kirchen in der demokratischen Gesellschaft. Innsbruch/Wien 2002, 79–103.

Körtner, U. H. J., Reformatorische Theologie im 21. Jahrhundert (Theologische Studien NF1). Zürich 2010.

Kratz, R. G., Die Propheten Israels. München 2003.

Kraus, D., Schweizerisches Staatskirchenrecht. Tübingen 1993

Kunz-Herzog, R., Theorie des Gemeindeaufbaus. Ekklesiologische, soziologische und frömmigkeitstheoretische Aspekte. Zürich 1997.

Kunz, R., Kybernetik, in: C. Grethlein/H. Schwier (Hg.), Praktische Theologie. Eine Theorie- und Problemgeschichte. Leipzig 2007, 607–684.

Lämmermann, G., Religionspädagogik zwischen politischer und ästhetischer Signatur. Eine nicht ganz unpolemische Auseinandersetzung zur Rettung der Ästhetik vor den Ästheten, in: ZPT 57 (2005), 358–368.

Lange, E., Kirche für die Welt. Aufsätze zur Theorie kirchlichen Handelns, hg. v. R. Schloz, München/Gelnhausen 1981.

Lange, E., Chancen des Alltags. Überlegungen zur Funktion des christlichen Gottesdienstes in der Gegenwart. München 1984.

Laube, M., Die Kirche als «Institution der Freiheit», in: C. Albrecht (Hg.), Kirche. Tübingen 2011, 131–170.

Leipold, A., Volkskirche. Die Funktionalität einer spezifischen Ekklesiologie. Göttingen 1997.

Lindner, H., Kirche am Ort. Eine Gemeindetheorie. Stuttgart u. a. 1994

Link, Christian, Die Kennzeichen der Kirche aus reformierter Sicht, in: M. Welker/D. Willis (Hg.), Zur Zukunft der Reformierten Theologie. Aufgaben – Themen – Traditionen. Neukirchen-Vluyn 1998, 271–294.

Loccumer Thesen, in: S. Bölts/W. Nethöfel (Hg.), Pfarrberuf heute. Befragungen und Studien zum Pfarrberuf. Berlin 2010, 204ff.

Lucke, A. v., Populismus schwergemacht. Die Dialektik des Tabubruchs und wie ihr zu begegnen wäre, in: W. Heitmeyer (Hg.), Deutsche Zustände. Folge 10. Frankfurt/M. 2012, 310–320.

Ludwig, H., Von der Institution zur Organisation. Eine grundbegriffliche Untersuchung zur Beschreibung der Sozialgestalt der Kirche in der neueren evangelischen Ekklesiologie. Leipzig 2010.

Josuttis, M., ‹Unsere Volkskirche› und die Gemeinde der Heiligen. Erinnerungen an die Zukunft der Kirche. Gütersloh/München 1997.

Marty, M., The Public Church. New York 1981.

Mathwig, F./Stückelberger, C., Grundwerte. Eine theologisch-ethische Orientierung. Zürich 2007.

Mittmann, T., Kirchliche Akademien in der Bundesrepublik. Gesellschaftliche, politische und religiöse Selbstverortungen. Göttingen 2011 sowie zum Rückblick

Mokrosch, R./Regenbogen, A. (Hg.), Werte-Erziehung und Schule. Ein Handbuch für Unterrichtende. Göttingen 2009.

Möller, C., Lehre vom Gemeindeaufbau 2 Bde. Göttingen 1987/1990.

Moltmann, J., Ethik der Hoffnung. Gütersloh 2010.

Moltmann, J., Theologie der Hoffnung. Untersuchungen zur Begründung und zu den Konsequenzen einer christlichen Eschatologie. Gütersloh [14]2005.

Morgenthaler, C./Plüss, D./Sterkens, C., Research in religion on the political agenda of a nation state – a Swiss national research programme on religion and its implications, in: Journal of Empirical Theology 24 (2011), 135–156.

Nassehi, A., Die Organisation des Unorganisierbaren. Warum sich Kirche so leicht, religiöse Praxis aber so schwer verändern lässt, in: I. Karle (Hg.), Kirchenreform. Interdisziplinäre Perspektiven. Leipzig 2009, 199–218.

Nonnenmacher, G., Phantasie und Macht, Frankfurter Allgemeine Zeitung vom 4.1.2010

Pachmann, H., Pfarrer sein. Ein Beruf und eine Berufung im Wandel. Göttingen 2011.

Peters, C., Art. Visitation, in: TRE XXXV. Berlin/New York 2003, 151–163.

Picot, S., Jugend in der Zivilgesellschaft. Freiwilliges Engagement Jugendlicher von 1999 bis 2009. Gütersloh 2011.

Plathow, M., Freiheit und Verantwortung. Aufsätze zu Martin Luther im heutigen Kontext. Erlangen 1996.

Pohl, D., Konflikte in der Kirche – kompetent und kreativ lösen. Neukirchen-Vluyn 2003.

Pohl-Patalong, U., Gemeinde. Kritische Blicke und konstruktive Perspektiven, in: PTh 94 (2005), 242–257.

Pohl-Patalong, U., Von der Ortskirche zu kirchlichen Orten. Ein Zukunftsmodell. Göttingen [2]2006.

Pohl-Patalong, U., Leitung in der Volkskirche, in: B.-M. Haese/U. Pohl-Patalong (Hg.), Volkskirche weiterdenken. Zukunftsperspektiven der Kirche in einer religiös pluralen Gesellschaft. Stuttgart 2010, 77–91.

Potter, P., Zell-Gruppen. Bausteine für eine lebendige Gemeindearbeit. Neukirchen-Vluyn 2006

Prantl, H., Wir sind viele. Anklage gegen den Finanzkapitalismus. München 2011

Prantl, H., Der Zorn Gottes. Denkanstöße zu den Feiertagen. München [2]2011.

Preul, R., Kirchentheorie. Wesen, Gestalt und Funktionen der Evangelischen Kirche. Berlin/New York 1997.

Preul, R., Die soziale Gestalt des Glaubens. Aufsätze zur Kirchentheorie. Leipzig 2008

Priller, E., Vom Ehrenamt zum zivilgesellschaftlichen Engagement, in: Zeitschrift für Erziehungswissenschaft 13 (2010), 195–213.

Rat der EKD (Hg.), Das rechte Wort zur rechten Zeit. Eine Denkschrift des Rates der Evangelischen Kirche in Deutschland zum Öffentlichkeitsauftrag der Kirche. Gütersloh 2008.

Reese-Schäfer, W., Politisches denken heute. Zivilgesellschaft, Globalisierung und Menschenrechte. München/Wien [2]2007.

Reinbold, W., Propaganda und Mission im ältesten Christentum. Eine Untersuchung zu den Modalitäten der Ausbreitung der frühen Kirche. Göttingen 1999.

Rendtorff, T., Ethik. Grundelemente, Methodologie und Konkretionen einer ethischen Theologie. Bd. 1. Stuttgart/Berlin/Köln [2]1990.

Reuter, H.-R., Der Begriff der Kirche in theologischer Sicht, in: G. Rau u. a. (Hg.), Das Recht der Kirche. Bd. I. Gütersloh 1997, 23–75.

Rosenzweig, B./Eith, U. (Hg.), Bürgerschaftliches Engagement und Zivilgesellschaft. Ein Gesellschaftsmodell der Zukunft? Schwalbach/Ts. 2004.

Rössler, D., Grundriss der Praktischen Theologie. Berlin/New York [2]1993.

Roßteuscher, S., Religion, Zivilgesellschaft, Demokratie. Eine international vergleichende Studie zur Natur religiöser Märkte und der demokratischen Rolle religiöser Zivilgesellschaften. Baden-Baden 2009

Rüegger, H./Sigrist, C., Diakonie – eine Einführung. Zur theologischen Begründung helfenden Handelns, Zürich 2011.

Sander, W., in: B. Grümme/ders., Von der «Vergegnung» (Martin Buber) zum Dialog? Das Verhältnis von Religionsdidaktik und Politikdidaktik, in: Theo-Web 7 (2008), H. 1, 143–157.

Schlag, T., «Sola effectiva»? – Leitgedanken zu einem protestantisch verantworteten Berufsprofil diakonischen Handelns, in: V. Herrmann/R. Merz/H. Schmidt (Hg.), Diakonische Konturen. Theologie im Kontext sozialer Arbeit, Heidelberg 2003, 268–276

Schlag, T., Horizonte demokratischer Bildung. Evangelische Religionspädagogik in politischer Perspektive. Freiburg/Basel/Wien 2010.

Schlag, T., Partizipation, in: T. Böhme-Lischewski u. a. (Hg.), Konfirmandenarbeit gestalten. Perspektiven und Impulse für die Praxis aus der Bundesweiten Studie zur Konfirmandenarbeit in Deutschland. Gütersloh 2010, 112–124.

Schlag, T., Lieber profane Vielspältigkeit als heilige Einfalt. Perspektive des nachwuchsorientierten Wissenschaftlers, in: M. Krieg/R. Kunz (Hg.), «O dass ich tausend Zungen hätte …». Kirche in Zeiten der Pluralität. Zürich 2011, 74–80.

Schlag, T., Wachstum in der wachsenden Kirche. Kybernetische Reflexionen über eine viel versprechende Leitbegrifflichkeit in gegenwärtigen Kirchenreformdiskussionen, in: PTh 99 (2010), 66–83.

Schlag, T., Wie demokratieförderlich ist evangelische Bildung? Überlegungen zum Religionsunterricht im Horizont des Politischen, in: PTh 46 (2011), 94–99.

Schlag, T./Schweitzer, F., Brauchen Jugendliche Theologie? Jugendtheologie als Herausforderung und didaktische Perspektive. Neukirchen-Vluyn 2011.

Schneider, N./Lehnert, V.A., Berufen – wozu? Zur gegenwärtigen Diskussion um das Pfarrbild in der Evangelischen Kirche. Neukirchen-Vluyn 2009.

Schneider, N., Das Eintreten gegen das Wiedererstarken von Rechtsextremismus und Antisemitismus als Aufgabe der christlichen Kirchen. Rede vom 3.3.2012 anlässlich der Woche der Brüderlichkeit 2012, in: www.ekd.de/vortraege/2012/ 20120303_schneider_rechtsextremismus.html [Stand: 5.3.2012].

Schweitzer, F., Menschenwürde und evangelische Bildung. Zürich 2011.

Schwöbel, C., Arbeit am Orientierungswissen – Theologie im Haus der Wissenschaften, in: P. David (Hg.), Theologie in der Öffentlichkeit. Hamburg 2007, 27–52.

Schwöbel, C., Wissenschaftliche Theologie. Ausbildung für die Praxis der Kirche an staatlichen Universitäten im religiös-weltanschaulichen Pluralismus, in: S. Alkier/ H.-G. Heimbrock (Hg.), Evangelische Theologie an Staatlichen Universitäten. Konzepte und Konstellationen Evangelischer Theologie und Religionsforschung. Göttingen 2011, 56–92.

SEK (Hg.), Zwischen Glockenturm und Minarett. Argumentarium des Rates des Schweizerischen Evangelischen Kirchenbundes (SEK) zur Volksinitiative «Gegen den Bau von Minaretten». Bern 2008.

Sliwka, A./Frank, S., Service learning. Verantwortung lernen in Schule und Gemeinde. Weinheim/Basel 2004.

Smit, D., Notions of the Public and Doing Theology, in: International Journal of Public Theology 1 (2007), 431–454.

Soosten, J. v., Art. Zivilgesellschaft, in: M. Honecker u. a. (Hg.), Evangelisches Sozi-allexikon. Neuausgabe. Stuttgart 2001, 1846–1849.

Stadelmann-Steffen I., u. a., Freiwilligen-Monitor 2010. Zürich 2010.

Stammler, E., Kirche ohne Volk. Christen am Ende des Jahrtausends. München 1998.

Stollberg, D., Geist und Gemeinde. Zum Verhältnis von Volkskirche, Landeskirche und Gemeindekirche, in: Pastoraltheologie 99 (2010), 184–198.

Stolz, J./Ballif, E., Die Zukunft der Reformierten. Gesellschaftliche Megatrends – kirchliche Reaktionen. Zürich 2010.

Storrar, W., A Kairos Moment for Public theology, in: International Journal of Public Theology 1 (2007), 5–25.

Sturzenecker, B. (Hg.), Freiwillige fördern. Ansätze und Arbeitshilfen für einen neuen Umgang mit Freiwilligen in der Kinder- und Jugendarbeit, Weinheim 1999.

Tanner, K., Politische Theologie nach Benedikt XVI, in: F. Schüssler-Fiorenza/ Ders./M. Welker (Hg.), Politische Theologie. Neuere Geschichte und Potenziale. Neukirchen-Vluyn 2011, 65–77.

Toaspern, H.D., Diakonisches Lernen. Modelle für ein Praxislernen zwischen Schule und Diakonie. Göttingen 2007.

Tomlin, G., The Provocative Church. London 2002.

Tracy, D., The Analogical Imagination. Christian Theology and the Culture of Pluralism. New York 1981.

Tracy, D., Theologie als Gespräch. Eine postmoderne Hermeneutik. Mainz 1993.

Wagner-Rau, U., Auf der Schwelle. Das Pfarramt im Prozess kirchlichen Wandels. Stuttgart 2009.

Warren, R., The Healthy Churches' Handbook. A Process for Revitalizing Your Church. London 2004, 22–25.

Welker, M., Zukunftsaufgaben Politischer Theologie. Über Religion und Politik nach Habermas und Ratzinger, in: F. Schüssler-Fiorenza/K. Tanner/ders., (Hg.), Poli-tische Theologie. Neuere Geschichte und Potenziale. Neukirchen-Vluyn 2011, 79–90.

Weyel, B., Pfarrberuf. Amt/Amtsverständnis/Profession/Pastoraltheologisches Leit-bild, in: W. Gräb/Dies. (Hg.), Handbuch Praktische Theologie. Gütersloh 2007, 639–649.

Wissenschaftsrat, Empfehlungen zur Weiterentwicklung von Theologien und religi-onsbezogenen Wissenschaften an deutschen Hochschulen. Köln 2010.

Wohlrab-Sahr, M., Kirche als Organisation, in: C. Albrecht (Hg.) Kirche. Tübingen 2011, 171–195.

Zimmermann, J., Being connected. Sozialität und Individualität in der christlichen Gemeinde, in: M. Reppenhagen/M. Herbst (Hg.), Kirche in der Postmoderne. Neukirchen-Vluyn 2008, 136–160.

Zimmermann, J., Die Parochie ist kein Auslaufmodell, in: M. Bartels/M. Reppen-hagen (Hg.), Gemeindepflanzung – ein Modell für die Kirche der Zukunft? Neukirchen-Vluyn 2006, 184–203.

Zimmermann, J. (Hg.), Darf Bildung missionarisch sein? Beiträge zum Verhältnis von Bildung und Mission. Neukirchen-Vluyn 2010.

Zimmermann, J., Theologische Einführung, in: Ders./A.-K. Schröder (Hg.), Wie finden Erwachsene zum Glauben? Einführung und Ergebnisse der Greifswalder Studie. Neukirchen-Vluyn 2010.

Zitt, R., Diakonisch-soziales Lernen in der Gemeinde, in: G. Adam/R. Lachmann (Hg.), Neues Gemeindepädagogisches Kompendium, Göttingen 2010, 363–379.